中国城镇住房产权制度变迁与经济绩效研究

刘亚臣　蔚筱偲　著

东北大学出版社
·沈　阳·

ⓒ 刘亚臣 蔚筱偲 2024

图书在版编目（CIP）数据

中国城镇住房产权制度变迁与经济绩效研究／刘亚
臣，蔚筱偲著. --沈阳：东北大学出版社，2024. 6.
ISBN 978-7-5517-3546-9

Ⅰ. F299. 233

中国国家版本馆 CIP 数据核字第 202494TQ40 号

出　版　者：东北大学出版社
　　　　　　地址：沈阳市和平区文化路三号巷 11 号
　　　　　　邮编：110819
　　　　　　电话：024-83683655（总编室）
　　　　　　　　　024-83687331（营销部）
　　　　　　网址：http://press.neu.edu.cn
印　刷　者：辽宁一诺广告印务有限公司
发　行　者：东北大学出版社
幅面尺寸：170 mm×240 mm
印　　张：12. 25
字　　数：182 千字
出版时间：2024 年 6 月第 1 版
印刷时间：2024 年 6 月第 1 次印刷
责任编辑：郎　坤　刘振军
责任校对：杨　坤
封面设计：潘正一
责任出版：初　茗

ISBN 978-7-5517-3546-9　　　　　　定　价：50. 00 元

序 言

　　产权，即财产关系、生产关系的法律用语，是由生产力决定的、一定社会生产力的发展必然要求与之相适应的生产关系。而产权制度对生产力的作用是具体的、历史的，只有当这种制度适合生产力发展的要求时，产权才是有效率的，否则就要变革原有的产权形式，寻找新的产权形式（卡尔·马克思）。社会主义中国在探索满足人民衣食住行的需求、特别是城镇住房需求中，其与时俱进的制度设计、财产关系改革为制度经济学以及具体产权制度的变迁演进和学术探讨提供了丰富多彩的中国特色样板和实验室。以人民为中心的"居者有其屋"是我国政府进行城镇住房制度改革和产权制度改革的出发点，"住有所居"是通向"美好生活"的必要条件，新时代中国住房制度改革的根本目标是"满足群众基本住房需求、实现全体人民住有所居"（习近平）。新中国成立以来，我国城镇住房制度经历几次重大转变，改革取得显著的成效，也带来许多值得思考的问题。我国住房制度改革从计划经济体制下的住房产权公有制到改革开放之初的以补贴出售公有住房、提租补贴和住房合作社等住房产权初步私有化为代表的产权共有制度，又到以全面住房产权私有化为标志的住房制度改革，再到被重新重视的以住房保障为特征的经济适用住房和廉租住房制度，到近期为解决新市民、青年人等群体住房困难而提出的保障性租赁住房，体现了我国城镇住房产权演变过程与国内政治经济发展以及国家体制转型的同步性和互动性，为研究提供了丰富而独特的走向社会主义市场经济的产权制度变迁的清晰过程。这个过程使得我国的住房制度和政策逐渐满足了人们日益增长的住房数量和品质需求，因为一个清晰界定的产权总是有效率的（罗纳德·科斯）。

　　产权制度的选择与经济绩效对于我国城镇住房保障的影响尤为突出，随着中国特色社会主义市场经济的发展，原来计划经济时代的意识形态对于住房制度发展的障碍将会减小，改革中我们既要解决传统体制下形成的城镇住房产权制度的低效问题，又要改变原有城镇住房产权结构在演变中导致的社会不公问题。当然我国城镇住房产权制度变迁也会存在路径依赖问题，既有的产权制度本身就是一个先在的制约因素。马克思主义产权理论、中国特色的房地产及住宅理论、新制度经济学产权的权利束理论等是本书研究试图理解我国城镇住房制度演进变迁实质并对这段制度史进行分析的重要工具；借鉴和运用制度经济学的方法和分析工具来分析、阐述我国城镇住房产权制度变迁，并依此提出我国城镇住房产权制度的创新思路以为未来发展提供借鉴就成为亟待解决的理论问题。

自 1992 年与我的博士生导师、辽宁大学韩毅教授一起成为沈阳房产局"房改办"咨询专家开始具体关注房地产和建设领域的住房建设供应、住宅制度政策和住房产权问题，并自 1993 年成为新成立的沈阳住房公积金管理委员会专家委员至今，我及我的团队一直把城镇住房制度演进和产权变迁作为主要研究领域和关注方向！特别是我的团队的核心成员、与我共同研究的蔚筱偲老师，2008 年以来一直从博弈论、制度绩效和工程项目管理绩效角度研究分析房地产开发管理和住房市场，她对二手房市场交易过程的关注描述及基于博弈过程的产权绩效的灼见不断启发我，她的研究贡献了本书出版的大部分工作量。对这个专题非常熟悉的很多人与我们共同探讨本书涉及的理论界定、学术意义、实践现实、具体的热点焦点问题等，特别是辽宁大学经济学院的韩毅教授对历史的比较制度分析和文化传统、约束机制与契约履行的真知灼见，沈阳建筑大学管理学院院长刘宁教授对保障住房供给和产权绩效的分析和建议，以及我的博士研究生潘宏婷老师和刘彤老师的研究及资料协助，等等，都令我十分感动和敬佩。我的团队长期从事住房和房地产领域的教学和研究工作，符合中国式现代化进程中社会主义住房政策的要求、实事求是地提出问题和解决问题、严谨地进行科学分析和学术探讨，是我们的主要原则。在本书中提出了构建产权制度明晰，政府、市场各行其责的住房制度模式，建立权力约束、制度约束、市场约束以及法律约束等四个机制来系统地规范和解决现有住房产权制度下的管理问题。实际上，我国住房制度变迁一直伴随着既得利益社会阶层和群体的干预，具有路径依赖特征，不可能在忽略国家制度差异性前提下利用国外的理论和经验研究我国住房产权制度。我们在反对平均主义基础上的城镇住房产权公有制以及福利分配方式住房安排的同时，还要尽量避免社会对效率优先路径的过分依赖，防止由此产生的住房保障程度差距、贫富差距和收入差距过大等问题。

作为制度经济学与我国住房产权制度演进相结合的一项探索性研究，本书亦存在研究局限。对研究假设和约束的探讨上尚待进一步深入，现有的住房保障制度政策制定还较大程度地借鉴以往经验及以西方发达国家的住房市场总结的规律和方法来判断我国的住房市场和产权制度改革等，这些理论依据和假设不可避免地会脱离中国实际情况。而且与西方发达国家成熟的住房市场相对比，我国的住房市场的发展基础和现状在发展规律和逻辑上，都无法摆脱中国住房制度历史沉淀的制约和影响。因此，一些经典的制度经济学的理论、方法和工具对于研究我国住房产权制度和分配制度都具有相当的局限性和不完全合理性。河海不择细流，愿本书所呈现的内容对住房产权制度变革能做一份贡献。

对所有的贡献衷心感谢，对所有的探索诚挚祈盼！

是以为序。

刘亚臣

2024 年 3 月

目　录

1 绪论

1.1 城镇住房产权制度研究的提出

城镇住房问题是各国在经济发展和城市化进程中普遍面临的一个难题，其表现形式可归结为三个主要方面：住房紧缺问题、居住质量问题和社会公平问题[①]。让"居者有其屋"，是我国政府进行城镇住房制度改革和产权制度改革的出发点和目标。随着中国市场经济的不断完善和发展，意识形态对于住房制度发展的障碍将会减小，我们既要解决传统体制下形成的城镇住房产权制度的低效问题，又要改变原有城镇住房产权结构在演变中导致的社会不公问题，为全面满足城镇居民的住房需求确立更有效的住房制度。从1949年到2020年，我国住房制度变迁从普遍的全员性的福利性保障住房的公有产权，发展到中期的多种形式的住房多种所有产权，以及后期的全社会化的私有城镇住房产权，直到现在选择性地以住房公积金、经济适用房、廉租房为住房保障主体的多种形式产权的混合，时间上已经跨越了70多年，这都为本书研究提供了丰富而独特的制度史变迁依据。

现代市场经济是各种制度（明晰的产权结构、民主的政治制度、发达的交易规则）的组合，产权制度的选择与经济绩效对于我国城镇住房产权制度的影响尤为突出，我国住房体制改革从计划经济体制下的住房产权公有制到改革开放之初的补贴出售公有住房、提租补贴和以住房合作社中住房产权初步私有化为代表的产权公有制，再到以全面住房产权私有化为标志的住房制度改革，直到最近又被重新重视的以住房保障为特征的经济适用房和廉租房制度，都体现

---

① BRATT R G.Policy review[J].Housing Studies，2003，18(4)：607-635.

了城镇住房产权演变过程与国内政治经济发展以及国家体制转型的同步性和互动性。

采用住房产权制度改革和制度的核心——产权理论——相结合，是研究过程中的一个初步探索和尝试。如果说改革开放初期，以住房分配货币化制度为核心的国内住房体制改革是为了解决当时国民的住房问题（在改革开放初期的 1978 年，我国城镇人均居住面积只有 3.6 平方米），即解决我国住房领域的"效率"问题；那么，近阶段的住房产权制度改革则主要针对"公平"而言，就是要帮助那部分难以通过自身能力解决住房问题的居民解决他们的住房问题。因此，解决低收入家庭的住房问题就是政府完成社会保障的重要任务。

本书的目的是要探讨我国住房保障制度以及最基本最重要的财产权利制度，即产权问题，分阶段研究了福利分配下城镇住房产权公有制度（1949—1978）、多元分配下城镇住房产权多种所有制度（1979—1998）、市场主导下城镇住房产权私有制度（1999—2012）以及租购并举下城镇住房产权制度深化改革（2013—2020）。自新中国成立以来，中国城镇住房分配与产权制度经历了几次重大的转变，理清我国城镇住房产权制度的理论和实践成果，进一步展示我国住房产权制度的历史发展进程，必将对中国未来城镇住房产权制度体系的健全和完善提供可参考的依据。新制度经济学的关于产权的权利束理论是本书试图理解该制度演进变迁实质并对这段制度史进行分析的主要工具。

1.2 产权制度与城镇住房产权

我国城镇住房产权制度变迁进程中涉及的概念包括城镇住房产权，住房的私有产权、共有产权和公有产权，城镇住房产权制度路径依赖和经济绩效等。

产权的基本内容包括产权主体对住房的所有权、使用权与转让权，以及收入的享用权。产权是否完整，主要通过所有者对产权所具有的排他性和可转让性来衡量。当权利所有者对其拥有的权利具有排他使用权、收入独享权和自由转让权时，则称他所拥有的产权是完整的。如果这些方面的权能部分或者全部都受到限制或禁止，就称为产权的残缺。

住房私有产权、共有产权和公有产权，其实质是将住房的权利赋予了某个特定的个人、团体或国家。私有产权就是将某种特定的带有收益的资产的产权以国家认可的方式赋予某个特定的个人和组织，并由个人和组织享有占有、使用、收益和处分的权利，典型的权利是通过交换或赠与的方式自由地对产权的主体进行转移。另外，也可以采用约定的方式处置这些权利，这些权利的行使不受其他组织或个人，甚至国家的干预和限制。共有产权是指一个团队内部的每个个体都可以根据约定的方式行使相应的权利，但这些权利的行使会受到团体内部其他个体的干预和限制，对于权利的划分通常是依据份额的方式，团体内部个体行使权利不会受到国家或组织外部的干预和影响。公有产权，即国有产权，理论上是权利由国家拥有，国家通过政治程序决定这些权利可以被哪些人使用或者不被使用。

多种形式的产权在城镇住房产权制度中有充分的体现形式，其经济绩效是由产权所有者内部和外部的相应激励决定的，即体现在外部性的内在化激励。也就是说，在没有外部环境的情况下，产权是没有意义的，只有外部对于产权本身产生了正面或负面的影响，对于产权的研究才有意义。住房产权体现在对住房的占有、使用、收益和处分的权利，没有行使这些权利的外部环境，产权也就没有存在的意义。这种影响的程度即体现为住房产权的经济绩效，在住房产权共有情况下，团体内部的个体按份共有产权，特殊的例子就是住房的私人和国家的共有产权，当国家的产权没有得到充分考虑，即没有在市场中得到体现时，这种住房的共有产权对于国家来讲就没有绩效了。甚至当国家没有办法实现影响住房产权权利时，这种产权结构将导致较大的外部性。

我国城镇住房产权制度变迁存在路径依赖问题，既有的产权制度本身就是一个先在的制约因素。中国在住房制度上长期处于平均主义体制上的无效率状态，即体制锁定状态。而现在则出现了由于依赖效率优先分配路径导致的住房贫富分化的趋势。由于惯性作用，制度一旦处于锁定状态，变迁将出现困难。因此，借鉴和运用制度经

济学的方法和分析工具尤其是路径依赖理论来分析、阐述我国城镇
住房产权制度变迁，并依此提出我国城镇住房产权制度的创新思路
就成了亟待解决的理论问题。

1.3 城镇住房产权制度演进的四个阶段

　　新中国成立以来，我国发生了四次绩效迥异的住房制度变迁：
1949 年新中国成立后，在社会主义计划经济体制下，我国学习仿照
苏联模式，对城镇居民私有住房进行了公有制改革，实行完全福利化
的住房制度；1978—1998 年，我国城镇居民开始历经了住房私有化、
商品化的过程，呈现出国家逐步推行住宅私有化与福利分房制度并
存的局面，住房公积金制度开始建立；1998 年，国务院发布《关于进
一步深化住房制度改革、加快住房建设的通知》，城市居民住房彻底
告别实物分配，取而代之的是住房货币化分配形式，由此，我国彻底
结束了福利分房的传统体制，开始建立经济适用房制度和廉租房制
度；2013 年进入新时代，我国住房制度改革的方向从系统全面完整
的城镇住房制度体系着眼，构建新时代中国特色社会主义住房用地
和住房基本制度，并在此基础上，推进我国住房用地和住房的产权结
构调整和升级。这些制度演进对城市生产、城市经济及国家社会产
生了不同的作用和影响，其中既有成功的经验，也有沉痛的教训。
　　针对中国城镇住房保障制度是在中国政治高度统一的特殊政体
中进行演变的这一基础，笔者提出了我国的特殊政体形式孕育了住
房产权制度变迁的基本框架；理性社会主体对利益的追求是推动中
国城镇住房保障制度和产权制度变迁的原始动力；意识形态短期内
的刚性与长期的缓慢变化是影响中国城镇住房产权制度变迁的重要
因素；从整个中国城镇住房保障制度的发展历程来看，该制度变迁体
现了从计划经济转向市场经济的变迁特征。在城镇住房产权公有制
下，住房所有权由国家所指定的房管部门来行使，作为住房所有权利
的拥有者，由于其对住房的使用与转让都不具有充分的权能，就导致
城镇住房产权制度的经济绩效和监督激励机制没有充分发挥作用，
政府对房管部门进行充分监察不能到位，最终导致了这些房管部门

往往为了追求其组织或个体的经济利益而偏离住房保障效益最大化的制度设计。因此，住房公有产权下的外部性问题尤为突出。

本书特别对于在城镇住房产权私有制度下的住房制度相关者利益关系进行了博弈分析，得到的结论对于构建和完善城镇住房产权制度具有重要的借鉴作用。根据静态分析的结果可以知道，房产商建设保障房，购房者选择购买是稳定的策略，此时政府选择积极的住房保障政策。政府需要实行积极的住房保障政策来鼓励房产商建设保障性住房，通过住房保障市场的快速发展，提高居民的住房保障水平，进而提高国民生活质量和满意度，但是如果住房保障的过度发展与经济环境的全面提升不相符合，反而对国民经济产生不良影响。在一段时间的鼓励政策后，为提高住房市场的整体消费水平，应该逐步降低保障住房市场开发量，需要采取限制保障住房的消极政策来应对市场新变化。

1.4　研究方法与逻辑结构

本书采用历史梳理与理论推导相结合、归纳分析与演绎分析相结合、社会调查与博弈方法相结合的方式进行理论与实践探讨。

采用历史分析方法是指从新中国成立后城镇住房产权发展的自然过程中揭示其本质和规律，通过历史的动态的方法来叙述、分析和研究。采用逻辑论证方法则是从制度和产权理论出发，通过推理过程得出结论和规律。通过比较不同制度的变迁轨迹和产权分配，揭示制度变迁的一般规律，探寻产权变化在住房制度变革中的重要地位。制度变迁的差异、产权结构的调整为比较制度分析方法应用提供了基础，因此，只有从理论推理的角度才能理清我国城镇住房产权制度的演进规律。

采用归纳分析方法，通过对城镇住房产权某个特定的时间点具有代表性的事件进行归纳分析，得到规律性的结论。采用演绎分析方法，则是从经典的制度经济学理论和知识中推论出适合于解释我国城镇住房产权制度的方法和结论。在对我国城镇住房产权制度的历史演进进行实证分析的前提下，对该制度的演进动因和轨迹进行归纳分析，从而得出结论。本书研究的顺序是将一般的制度变迁理论和经济绩效理论相结合提出假说，并通过分析各个阶段城镇住房产权制度的演进进行证实，然后用典型的事例来说明提出的假说。

通过对历史资料的仔细查找、阅读，在充分掌握特定资料的前提下，以我国城镇住房保障制度的史实为根据并加以验证，从史实出发分析制度变迁的动因、轨迹及其内在产权变革。研究住房保障市场的变化还必须要考虑到外部市场（如宏观经济形势、国家的法律法规等）的变化对住房市场变化的影响；另外，也要考虑住房市场参与者的行为变化，这种变化实质上就是参与者之间的动态博弈。对本书锁定的问题进行理论分析，重点强调历史叙事分析方法中理论与历史资料充分结合的特点，通过区分城镇住房产权制度的利益相关者之间的博弈关系，找出解决问题的正确规律。

本书遵循揭示制度变迁规律，分析变迁影响机理和提出有效配置住房资源的解决路径的逻辑结构开展。新中国成立后的历次城镇住房产权制度变迁过程中，已有城镇住房产权制度对于利益相关者的预期收益大于其损失或成本时，城镇住房产权变迁的进程才能得到推动。城镇住房产权制度的形式取决于对应的成本与收益，以及利益相关者的博弈结果。通过研究发现，中国历次的城镇住房产权制度变迁基本上为强制性变迁，即由政府通过政策和法律的出台而导致变迁。在我国城镇住房产权变迁的过程中，影响机理包括：经济结构变迁对于住房产权制度的推动；我国在不同历史阶段的政治体制和政府对城镇住房产权制度的偏好；社会不同阶层和群体对于城镇住房产权制度的抵制或接受程度；能否将制度监督机制转化为外部性内部化的激励机制；在新的住房制度下，原有城镇住房产权制度下的受益者对于收益和损失的权衡结果。在城镇住房私有产权制度下，住房所有者在行使权利时，必然会考虑住房的收益和成本的对比关系，进而选择能够使城镇住房产权效益最大化的实现方式，作出处置城镇住房产权的决策，对房产产权作出最优安排，但在住房公有产权和共有产权的情况下，个人和国家均无法实现这种成本收益的最大化目标。因此，通过产权制度的改革，采用外部收益内在化的形式，可以更有效地配置住房资源。

2 住房产权制度探索

制度经济学中关于制度与产权的相关理论和方法为本研究提供了理论依据，本章归纳了国内外学者对于产权的相关界定，重点分析了我国城镇住房制度涉及的相关产权类型，总结了研究涉及的三种分析方法，对本书主要采用的路径依赖原理进行了探讨。

2.1 城镇住房产权制度

2.1.1 对于产权的相关研究

产权是本书的重要理论基础。现实生活中，经济学家对于产权的存在和运动的复杂性及其内涵争议颇大，他们往往通过不同的经济生活方向、不同的经济目的去诠释产权。其中，每一种诠释在其特定的历史和现实的复杂环境下又似乎能够找到一系列的历史和现实支撑，因此对于产权的概念往往不能统一①。

巴泽尔将个人对资产的产权定义为："个人对资产的权利是消费这些资产，并从这些资产中取得收入和让渡这些资产的权利或利益。"根据巴泽尔的定义，产权包括了占有权、使用权、收益权和处置权，而且这些权利可以分割，因而对产权不可能完全占有。因此，经济学上的产权是一个相对的概念。产权是社会中所实施的选择一种经济品的使用的权利。经济学中所分析的产权，并不是一般的物质实体，而是指人们对物的使用所引起的能够相互认可的行为关系，它用于界定人们在经济活动中收益及受损的程度，以及两者间的补

---

① 国彦兵.新制度经济学[M].上海：立信会计出版社，2006：90.

偿规则。

产权经济学家不认为产权是物，也不认为产权是人与物之间的关系，而是个人对物品的使用而引起的相互关系，即所谓人跟人之间的关系。这样一种关于产权的定义特点在于，将产权的本质看作人与人的关系，而将产权发生的直接原因归结为人与物的关系；将产权看作一种行为权，而非那种所谓静态所有权归属关系；另外，给产权赋予了经济性质，即所谓资产使用过程中的经济和社会关系。

因此，任何经济交易实际上都是产权的交换，如果产权界定不清晰，没有得到保护，经济当事人就不能在交换中实现自己利益的增长，其生产或交换的动力将逐步减弱，于是就会出现交易活动进行不下去的可能，抑或是交易规模缩小。明确的产权能够确定基本行为规则，才能从根源上减少所谓经济摩擦，因此消灭不确定因素，节约相关经济成本，才能提高经济效率、达成稳定的经济预期。另外，产权制度也为人们提供了一个竞争与合作的平台，它联合了有关物质生产要素和经济组织，为经济行为人提供了特定的激励和约束。

2.1.2　产权功能与权利束

从功能来看，经济学家认为解释产权应该从其本身的功能出发，而非通过抽象的定义或者产权的某种（部分）功能。德姆塞茨认为："产权包含了一个人或其他人受益以及受损的权利……那么很显然，产权是界定人们如何受益以及如何受损，因而谁必须向谁提供补偿以使他修正人们所采取的行动。"[①]与其类似的是，阿兰·鲁福斯·华斯特给产权的定义是："产权是以人们认为合适的办法控制和处理财产权利的……它不同于国家所有权以及在此基础上形成的对人的具体权力。产权是指人们有权利处理他们所控制的东西，即人们有权拥有明智决策的回报，当然，人们同时也要承担运气不好或者失职所造成的成本损失。"[②]由此可见，作为权利的产权是由法律、习俗、道

---

① H. 德姆塞茨.关于产权的理论[M]//财产权利与制度变迁：产权学派与新制度经济学派译文集.上海：上海三联书店，1994：97-98.

② 阿兰·鲁福斯·华斯特.经济增长与产权制度[M]//詹姆斯·A. 道，史道夫·H.汉科，阿兰·A.瓦尔特斯.发展经济学的革命.上海：上海三联书店，2000：128.

德等共同来进行界定和表达的。

从形成机制来看，通过强制性法律和国家要求对产权进行的描述认为，产权是法律或者国家强制规定的人对物的权利，是形成人们对其相应资产的权威的一种制度方式。产权不是静态的，而是一系列的动态排他性保障人们资产的规则，能够进一步维持资产的有效运行。阿尔钦还特别分析了这种具有资产权威性质的产权的发生途径，其基本途径除了国家强制性以外，市场竞争也是另一重要途径，因此说产权是由国家强制和市场强制所形成的相互统一的权利①。这就是当代西方产权理论中的阿尔钦"产权范式"。显然，中国城镇住房的产权就历经了这种带有国家权威的强制性产权阶段。巴泽尔也认为，产权不单纯是法律赋予的权利，"法律权利会逐步地增强经济权利，但是，对于后者的存在来说，前者并不是充要条件。因为，人们对资产的权利是不断变化的，这种变化是在他们自己直接努力加以保护、他人企图夺取和政府给予保护多种关系协同下的函数。"②

产权分析作为经济领域的一种分析方法，其核心是研究财产权利结构及其变革对资源配置效率的影响，事实上，这是制度形成和变迁问题的另一种表达。将产权的定义展开来看，它不仅包含了排他性的所有权、排他性的使用权、收入的独享权、自由的转让权，另外，还包括了资产的安全权、管理权、损益权，等等③。

产权可以通过列举产权的权利束所包含的各种权利来界定。实际上，产权不仅包括人对有形物品的权利，还应包括人对无形物品的权利。施瓦茨说："产权不仅是指人们对有形物的所有权，同时还包括人们有权决定行使市场投票方式的权利、行使特许权、履行契约的权利以及专利和著作权。"④与此类似的关于产权的外延，广义上来列举，将产权和人权两者等同起来。

产权的可分割性是产权制度的重大变革，表现为产权流动和交换得更加顺畅，提高了产权的资源配置功能，大大降低了集体产权运

---

① 伊特韦尔.新帕尔格雷夫经济学大辞典：第三卷[M].北京：经济科学出版社，1996：1104.

② Y. 巴泽尔.产权的经济分析[M].费方城，段毅才，译.上海：上海三联书店，1997：2.

③ 国彦兵.新制度经济学[M].上海：立信会计出版社，2006：95-96.

④ 转引自刘伟，李风圣.产权通论[M].北京：北京出版社，1998：10-12.

作的成本。另外，不同产权的利益都可以定量，并在量上进行分割，这也包含了产权分离的可能性。这种可分解性包含了权能行使的可分工性和利益的可分割性两个方面。产权的不同权能可以由一个主体也可以由不同主体行使，相应的利益所属也归不同的权能行使者。

利益分割是伴随着权能分解的，任何一个产权职能行使主体都不可能无故放弃自身利益。因此，虽然利益分散或分配不等同于权能分解，也不一定以权能分解或分散为基础或条件，也确定能导致权能分解或分散，但是产权的权能分解发展到一定程度的时候就必将带来更多的主体，进而改变产权关系的性质，出现了由公有变成了私有，或者由大公有变成了小公有的产权变化。这种变化在人类社会的发展中不断地演进和发展，是持续发生的，也一定会导致社会基本经济制度的改变①。

2.1.3 城镇住房产权类型

住房产权制度分析是本书的研究基础，基于新中国成立以来历史发展的视角，本书研究中将住房产权分为三种类型：住房公有产权、住房共有产权、住房私有产权。并由这三种类型住房产权演化成为我国在多个阶段的住房产权制度变迁路径。

（1）住房公有产权

意味着只要国家按可接受的政治程序来决定谁可以使用或不能使用住房的权利，它就能排除任何人使用这一权利约束。

（2）住房共有产权

将住房权利分配给共同体的所有成员，即共同体的每个成员都有权分享住房的同样权利，但排除了共同体外的人员对共同体内的任何成员行使这些住房权利的干扰。它与住房私有产权相比，最重要的就是其在个人之间是完全不可分的。另外，住房共有产权在共同体内是不具有排他性的，因此这种产权往往会给资源利用带来外部性。

---

① R. 科斯，A. 阿尔钦，D. 诺斯.财产权利与制度变迁：产权学派与新制度学派译文集[M].上海：上海三联出版社，2003：204.

（3）住房私有产权

"私有产权是对必然发生的不相容的使用权进行选择的权利的分配。"①这种权利不是对住房可能具有的用途施以人为的或强加的限制，而是对这些用途进行的排他性权利分配。但是，住房私有产权并非意味着住房所有权利都掌握在一个人手里，而是可以由两个人或者多个人共同拥有。

2.2　住房产权制度变迁的分析方法

2.2.1　制度变迁的成市收益分析方法

诺斯通过成本收益的分析方法，认为制度变迁能够实现的条件是制度变迁带来的预期收益大于其产生的预期成本；反之，制度变迁将会受到阻碍。他认为制度变迁的原始动力在于行为主体期望获取潜在利润的最大化。这里提到的潜在利润就是所谓外部利润，是现有制度条件下所不能得到的利润，主要来自四个方面：规模经济、外部性的内在化、交易费用降低和风险分担。正是由于生产中的规模经济的要求以及外部性的内在化实现、交易成本降低等要求，经济组织就有必要对原有制度进行创新。诺斯断言大多数个人都是风险的厌恶者，一旦克服了这种风险的制度创新，制度就会发生变迁。

2.2.2　制度变迁的演化博弈分析方法

制度也可以看成人们在众多的社会分工与合作中经多次博弈而得到的一系列契约或者合作的总和，它为人们在多样的社会分工中实行相关合作提供了一个基本框架。此时，个人的选择结果不仅仅依赖于自己的选择，而是更加依赖于他人的选择。近年来，演化博弈论的引入成为这一制度变革的典型例证。

---

① A.A.阿尔钦.产权：一个经典注释[M]//R. 科斯，A. 阿尔钦，D. 诺斯．财产权利与制度变迁：产权学派与新制度学派译文集[M].上海：上海三联书店，1991：167.

制度变迁的前提就是新制度的预期收益大于旧制度的预期收益，即制度变迁过程中存在着变革的预期净收益为正。依据制度经济学理论，可获得的预期净收益越高，推动制度变迁的内在动力就越强，制度发生变迁的可能性也就越大。然而，制度的实质是公共选择的结果，其本身也是一种公共产品，是制度的行为主体为实现利益最大化而进行的长期的社会博弈过程，这种博弈受到利益力量的相互制约，无论是强制性还是诱致性的制度变迁都是一种博弈。在这种博弈中，由于主体的地位有差异，各自的利益期望也不同，因而在路径选择上的不一致或者冲突就有可能发生，这些都会对相应的制度变迁产生直接性影响。因此，利益博弈和制度变迁之间存在相互制约、影响和促进的关系，在各种利益博弈的情况下出现了原有制度的非均衡，为制度的变迁提供了原动力；与此同时，在利益博弈中，不同利益集团的力量对比将会发生变化，这是一种伴随着制度变迁全过程的辩证关系。若想成功地完成制度变迁，其关键点就是要促使各个利益方达成理性的妥协，此时就需要政府的作用。

2.2.3 制度变迁的意识形态分析方法

一直以来，诺斯就认为成本核算无法克服经济上的"外部性"和所谓"搭便车"等行为，此时伦理、道德力量的改善显得尤为重要，因而他引入了意识形态的理论。意识形态是人们关于世界的一套信念，具有下列作用：第一，意识形态通过提供一种世界观给人们而使其行为决策更加经济，能够降低交易成本。它会使人们不去计较个人利益得失，而能够服从社会规范，认定现行的制度结构。第二，它能够凝聚某个团体甚至国家的力量，因而作为一种社会稳定器而存在。第三，它起到了协调不同人们的相关经验的作用。

用意识形态理论来解释制度变迁的意义在于：① 意识形态的不断演变使得个人或者集体对于自身地位的公平性产生了不同的观点并按其行动，这是现实经济变化的原因之一；② 现实的资本存量将会按照知识的变化而增长。当个人认为制度公平时，假设个人不违反制度，则制度变迁的执行成本将会减少。

2.3 制度变迁的路径依赖特征

2.3.1 路径依赖的经济学解释

路径依赖的直观含义为决策会依据以往的历史经验和实践,过去的选择影响着现在可能的选择①。诺斯认为,制度变迁具有路径依赖的性质,经济史上的制度变迁是一个不断演化的过程,路径依赖或锁定是描述和刻画制度演化方式的恰当概念。对于经济学而言,路径依赖是指"人们过去的选择决定了他们现在可能的选择"。路径依赖类似于物理学中的"惯性",一旦进入某一路径(无论是"好"的还是"坏"的),就可能对这种路径产生依赖。"历史是最重要的",我们今天的各种选择实际上受到历史因素的影响。

诺斯在《制度、制度变迁与经济绩效》一书中突出强调了规模报酬递增的性质,认为技术变迁中的路径依赖理论同样可以应用到制度变迁中,因为具有规模报酬递增性质的技术的竞争从本质上而言是技术所有者——经济组织——的竞争。诺斯以经济史为背景,试图说明世界上不同地区经济绩效的差别,他认为经济史中的路径依赖应当归因于各国初始条件的不同以及发展速度的差异。因此,由于历史是路径依赖的,落后的国家在经济发展上就难以赶上发达国家。

2.3.2 路径依赖的现实作用

制度变迁是基于文化和政治的积累过程,个体改善经济绩效的能力依赖于信仰和心智模式,而这些又受到积累的文化知识存量的影响,当积累的文化知识存量被置于学习的过程中时,路径依赖便产生了。另外,诸如法律法规的制度是那些拥有政治谈判能力的人为

---

① 道格拉斯·C.诺斯.制度、制度变迁与经济绩效[M].刘守英,译.上海:上海三联书店,1994:132.

维护自身利益而创造的，因此经济体制的变革及其结果会受到政治程序的影响。

继诺斯之后，萨格登（1989）、扬（1998）、青木昌彦（1999，2001）和奥野正宽（1999）等也对制度变迁中的路径依赖理论作了研究。他们将演化博弈论的方法运用到制度分析中，以经济个体的有限理性和进化稳定策略作为分析基础，认为现实中制度的多重性反映了经济参与者的有限理性和对环境的不确定性，经济参与者在博弈路径中选择的最终策略与自身的文化背景、历史上存在的规则有关，因此，制度的选择体现了路径依赖的特性。同时，他们还强调博弈过程中对以往成功策略学习的重要性，认为历史是重要的。

遵循既定路径，制度变迁可能进入良性发展趋势，制度效率得到优化和提高；也可能延续错误路径，被限定在低效率的制度，陷入恶性循环。路径依赖的规律还会导致重复旧的制度，使新制度变迁遗留旧制度，甚至成为旧制度的变种。

3 福利分配下城镇住房产权公有制度
（1949—1978）

在福利分配下城镇住房产权公有阶段，我国的城镇住房制度是完全福利化的住房制度，即"低工资、低租金、加补贴、实物配给制"的分配制度，公有住宅具有两种国家所有形式：政府房地产管理部门通过多种形式占有和分配的"直管公房"，以及由企、事业单位自行建造、分配和管理的"自管公房"。此时国家提供住房建设资金，并承担大部分的住房维修和管理方面的开支。

3.1 城镇住房产权公有制度的形成基础

3.1.1 马克思主义是产权公有制度的理论基础

马克思首先对于社会产品的分配形式进行了初步的探索，即对社会产品进行了扣除之后的分配①。此时，他还将住宅作为一种福利进行分配，并没有否定住宅的私有产权②。他建议在消费资金中进行

---

① 马克思主义对于住宅公有的设想，最早见于 1847 年恩格斯所写的《共产主义原理》，里面列举了在"直接或间接地建立无产阶级的政治统治"之后应当采取的"最主要措施……在国有土地上建筑大厦，作为公民公社的公共住宅。公民公社将从事工业生产和农业生产，将城市和乡村生活方式的优点结合起来，避免二者的片面性和缺点。"（《马克思恩格斯选集》第 1 卷，第 304—305 页）。

② 马克思在《哥达纲领批判》中阐述社会产品分配时指出：在分配之前应作三项扣除，"第一，用来补偿消费掉的生产资料的部分。第二，用来扩大生产的追加部分。第三，用来应付不幸事故、自然灾害等的后备基金或保险基金……剩下的总产品中的其他部分是用来作为消费资料的。在把这部分进行个人分配之前，还得从中扣除以下内容：第一，与生产无关的一般管理费用……第二，用来满足主体共同需要的部分，如学校、保健设施等……第三，为丧失劳动能力的人等设立的基金，总之，就是现在的属于官办济贫事业的那一部分。"

一部分的扣除，用以建立社会保障的后备资金，这部分资金援助和救济丧失劳动力的人和贫困者，当然，这是在满足社会成员公共福利的基础上进行的。

在《资本论》第三卷分析各种收入及其来源的时候，马克思对设立保险基金进行了阐述①，"利润的一部分，即剩余价值的一部分，从而只体现新追加劳动的剩余产品（从价值方面来看）的一部分，必须充当保险基金"。这里的基金就是"甚至在资本主义生产方式消灭之后，也必须继续存在的唯一部分""这种基金是收入中既不作为收入来消费也不一定用作积累基金的唯一部分"②。他认为，这种保障基金是对社会总产品进行的一种必要扣除，它们均来自工人创造的剩余价值。马克思主义的这种社会保障经济理论对我国社会主义国家社会保障模式的建立了产生重要的影响。

在《论住宅问题》中，恩格斯把住宅公有属性作为一种历史进步明确地肯定下来③。并对住房的公有属性进行了进一步的明确阐述④。恩格斯对于住房产权公有形式有着清晰的认识和深入的剖析，对于无产阶级革命，恩格斯有着比马克思更为激进的主张⑤。他认为无产阶级才是社会主义革命的主体，无产变成共产的激励将会有效

① 马克思分析了社会保障资金的筹集过程和筹集渠道，总结出资本主义社会保障资金的三个来源：第一是工人个人缴纳的社会保障税，包括养老、医疗保险等；第二是雇主为工人缴纳的保障税；第三是政府的财政拨款。政府通过财政手段对社会保障进行一定的补助，财政收入主要来自税收。

② 马克思.资本论：第3卷[M].中共中央马克思恩格斯列宁斯大林著作编译局，编译.北京：人民出版社，1975：958.

③ 恩格斯提出："要创立现代革命阶级即无产阶级，就绝对必须割断把先前的工人束缚在土地上的脐带。除了织布机以外还有自己的小屋子。"

④ 恩格斯提出："在现代的大工业和城市发展情况下提议这样做是既荒谬又反动的；恢复各个人对自己住宅的所有权，就是后退一步。""由劳动人民'实际占有'一切劳动工具和全部工业，……则'劳动人民'将成为全部住宅、工厂和劳动工具的集体所有者。这些住宅、工厂等等，至少是在过渡时期未必会毫无代价地交给个人或协作社使用。"

⑤ 恩格斯在《反杜林论》中讨论公有制的社会原理时指出："马克思是说：这是否定的否定。这种否定不是重新建立私有制，而是在资本主义时代的成就的基础上，也就是说，在协作和对土地及靠劳动本身生产的生产资料的共同占有的基础上，重新建立个人所有制。""这就是一切。可见，靠剥夺者而建立起来的状态，被称为以土地和靠劳动本身生产的生产资料的公有制为基础的个人所有制的恢复。……这就是公有制包括土地和其它生产资料，个人所有制包括产品即消费品。"对社会主义社会来讲，恩格斯的主张是把有产阶级的住宅收归公有，而按照马克思主义不能剥夺劳动者的原则，劳动者所有的住宅是不能收归公有的。因此，这种不能收归公有的住宅，就不能改变社会主义社会中住宅私有的存在。

地成为埋葬资产阶级的力量，他认为蒲鲁东等人的建议是不切实际的社会改造建议①，恩格斯在《论住宅问题》中进一步明确指出了蒲鲁东等人的不切实际的社会改造措施②。恩格斯认为这种思想掩盖了无产阶级和资产阶级对立的本质，从而削弱工人阶级的解放斗争，这显然是逆潮流的倒退③。

　　马克思和恩格斯对于再生产理论与住宅公有的论述为新中国城镇住房产权公有制度的建立提供了思想基础，甚至长时间指导了我国住房制度制定，并对新中国成立后一段时期内的思想意识形态产生了深刻的影响。

3.1.2　苏联模式是产权公有制度的实践范式

　　苏联是历史上第一个社会主义国家，政治、经济和军事力量雄厚，是当时唯一能够与资本主义抗衡的大国。它的建立和发展，使得马克思、恩格斯等的社会主义思想付诸实践。"苏联住房产权公有制度范式"的主要特征有：全社会建立在公有制上的单一住房公有所有制形式、着重发展军工业等重工业的非均衡的经济结构而形成的城乡两极分化的社会住房保障结构、自上而下实施的指令性的住房建设计划和实施措施等。要理解我国住房保障制度的发展历程，探讨苏联的住房制度是非常必要的。苏联主张利用国家的垄断地位建立高度集权的计划经济体制，在这种体制下，政府能够实现政府意愿下

---

　　① 蒲鲁东等人主张工人购买住宅，恩格斯认为这种做法会将无产者变成有产者，必然会削弱无产阶级的革命力量，恩格斯认为这是一种革命的倒退、反动的主张。

　　② 恩格斯批判蒲鲁东主义者所提出的资产阶级和小资产阶级解决住宅问题的方案，特别是批判把住宅归工人自己所有的观点，有其历史背景：19世纪40年代，德国大工业开始发展，并很快具有相当规模。工场手工业和小生产者更迅速地向大工业过渡。于是大批的农村人口被吸引到一些正在发展成为工业中心的大城市去。这些城市为了适应大工业的发展，改建旧区，拓宽道路，在市中心拆除了大量旧住宅，建造商店、货栈和公共建筑，因此在城市中突然发生了住宅的严重缺乏。这种住宅紧张不只局限于工人阶级，也波及城市小资产阶级。隶属于小资产阶级的蒲鲁东主义者，提出了为工人阶级解决住宅问题的各种各样的办法。总括起来就是要使工人得到自己的"家和灶"、"把工人变成自己住宅所有者"。恩格斯指出"实际的社会主义是在于对资本主义生产方式各个方面的正确认识。对具有这种认识的工人阶级来说，要在每个具体场合决定应该反对哪些社会机构，以及应该怎样进行怎样的打击方式，无论何时都是不会发生困难的"。

　　③ 高柳根.恩格斯反对工人自有住宅吗？[J].中共山西省委党校学报,1981(Z1):194-195.

的全国的资源配置。苏联在住房建设方面主要由国家为主体进行投资，并有集体和个人的参与。住房建设投资中，大部分资金来自国家投资，或者工矿企业、集体农庄和工会等社会团体，这部分资金占住房建设总投资的80%以上。

在住宅问题上，列宁基本上接受并沿用了恩格斯的主张①。然而，在十月革命之后，面对国内外资产阶级和资本主义的双重压力，列宁又采用了新经济政策，他对于住房问题的态度从"全盘否定"个人所有到"部分承认"个人所有。这一改变在1919年俄共(布)第八次代表大会通过的党纲中被明确提出②。1922年10月底，在列宁主持下通过的《苏俄民法典》第52条规定："财产分为：(一)国家的（收归国有和收归市有的）；(二)合作社的；(三)个人的。"第54条规定："没有收归国有的建筑物，以及一切在个人间不禁止流转的物品，都可以作为个人所有权的客体。"③从这些法条可以看出，苏联在法律意义上所承认的那部分个人所有的住房也仅仅是没有被没收的建筑和住宅。从第71条规定个人在获得批地后自建的住宅只有长期使用权④也可以看出，苏联在法律上承认的住房的所有权也仅仅是所有权的部分权利。除革命后未收归国有的老房屋可为个人所有外，其他均不允许归个人所有。

在斯大林主政期间，他特别关注城市经济发展与住房建设问题，特别在1931年苏共(布)中央六月全会上，在他的主持下，讨论了发展城市经济的问题⑤。到了1939年，国家投资建造的公共住宅规模已经远远高于一般居民住宅，国家公共住宅占比达到了三分之二，其

① 十月革命前，在《国家与革命》中，列宁写道："恩格斯非常谨慎，他说无产阶级国家'至少在过渡时期未必'会毫无代价地分配住宅。把属于全民的住宅租给单个家庭就要征收租金，又要实行一定的监督，还要规定分配住宅的某种标准。……至于过渡到免费分配住宅，那是与国家的完全消亡联系着的。"（《列宁选集》第3卷，第221页）。

② 这一条文出现的背景是，"在一些省份曾出现过对一些不大的房屋也广泛收归国有的做法……在小房主中间引起了对苏维埃政权的抱怨和不满情绪"。

③ 苏俄民法典[M].中译本.北京：法律出版社，1956：14-15.

④ "砖石结构建筑物49年以下，其他结构建筑物20年以下"。

⑤ 1931年苏共(布)中央六月全会决定："应根据工业建设速度与计划来提高苏联城市经济的发展速度，特别是住宅建设的速度。"决议中规定，应该把工业生产的发展和城市居民物质福利要求作为社会主义城市发展的基本原则。

价值也达到了全部住宅价值总量的 75%。

　　苏联模式对我国的住房制度起到了示范效应，对其他社会主义国家的新生和发展也提供了唯一的学习和借鉴的范例。在短期内，苏联的范式显然是有效的。苏联在世界反法西斯战争中起到了关键的作用，其科技、经济和军事均有了不同程度的广泛发展，这给新生的社会主义国家带来了希望和借鉴。因此，中国以及其他社会主义国家的住房模式也一度仿效"苏联模式"。

3.2　我国城镇住房产权公有制度确立

　　新中国成立后，中国选择并长期采取由国家计划、统包统分的福利分房模式，是由国际大环境与国内的政治、经济和社会发展等众多因素决定的。我国在城镇实行了完全福利化的住房政策，所有的城市住房都由政府提供，采取国家(政府)和单位统包住房建设投资；住房分配在本质上是提供住所，而不是投资；低租金住房被看作全体职工可以享受的社会福利，因而采用低租金政策，所以城市居民所交纳的房租只是象征性的①。这种住房管理制度是严格的，具有明显的福利保障特征，城镇居民的住房实行的是全民保障的模式。

3.2.1　通过制度与国家公权力确定城镇住房产权公有制度

3.2.1.1　城镇住房产权公有制度的总体思路

　　新中国成立以后，随着半殖民地半封建社会制度被彻底破除，社会主义改造的进展，同时受到国际政治经济等环境的制约以及"苏联模式"的影响，我国高度集权的计划经济体制逐步建立，形成了计划型、统包统分的实物福利性住房保障制度。受到马克思社会保障理论的影响，中国一直把住宅作为福利，实行的是低租金制度，实际上，这就是一种实物分配。这种"实物"含在职工收入中，靠国家投资和财政补贴来维持。

---

① 金俭.中国住宅法研究[M].北京：法律出版社，2004：13.

新中国成立后所有的土地和房屋都归国家所有，并且实行无偿和无限期由国家划拨使用的原则，因此在这一阶段实际上没有真正意义上的住房产权制度。住房作为消费资料完全由国家来提供，是一种"按需分配"的状态，"居者有其屋"是解决住房问题的总思路。

3.2.1.2 通过国家公权力初步确立城镇住房产权公有制

新中国成立后，中央人民政府依据作为临时宪法的《中国人民政治协商会议共同纲领》，对那些属于没收范围内的反革命、汉奸、官僚资本家、国民党政府的财产进行接管，在总结全国经验基础上，逐步开展了一系列的征收和征用，积累了国家最初的公有产权住房。这些强制性政策对于稳定国内形势，抑制通货膨胀发挥了重要的作用。在初步建立公有制度的基础上，公有住房建设逐步提到了议事日程上①。

3.2.1.3 城市私有房产的社会主义改造

社会主义公有制形成的基础就是对所有资本主义因素进行的社会主义改造，住房所有制亦是如此。依照马克思主义关于通过建设公有住房解决公民的住房问题和对有剥削性质的私有出租房进行改造的思想，国家进行了私有房产的社会主义改造。国家从两方面根本上确立了城市房产的社会主义公有制，第一种形式是通过租赁的方式获得住房的使用权，第二种方式是通过赎买的形式将私营企业所占用的土地和房屋收归国有，以土地和房屋国有的形式第一次确定了城市中土地的公有性质，为后续的规划和建设打下了坚实的基础。

国家通过对出租私房进行社会主义改造，基本限制了私人建房的行为，政府不断兴建公有住房，从住房来源上保证了公有住房的不断积累，并进一步使得私有的住房产权比重不断减少。这样，住房所有制就变成了国家所有的格局。1978年底，城镇住房的公有率达到了74.8%②。从整体上看，在住房所有制方面，我国传统的住房制度

---

① 伴随这种"纯粹的国有房产"无偿的行政性分配，我国住房保障制度中的另一个要素"住房低租消费制度"亦同时启动。

② 中华人民共和国国家统计局.中国统计年鉴[M].北京:中国统计出版社,1980.

选择了公有制的道路，①同时，对于住房租金政策的确定，我国的原则是"以租养房"。

1956 年 9 月，中国共产党第八次全国代表大会正式通过《关于发展国民经济的第二个五年计划的建议的报告》(简称《建议》)。《建议》明确规定了第二个五年计划的基本任务和主要指标②。其中明确提出了要继续完成社会主义改造，巩固和扩大集体所有制和全民所有制，住房的集体所有制和全民所有制需进一步加强。

1957 年，我国的住房制度基本上形成了"高福利、低工资、低租金"的低标准实物福利分配体制。这种体制的特点是：政府(包括地方政府)作为公有住房建设的主体，住房建设资金由全年的固定资产投资基金中统一安排，建设的住房隶属公有住房，由建设者按照职级和家庭人口进行统一分配，并由地方主管部门和企事业单位组织行政管理。

3.2.2 住房建设阶段特征

3.2.2.1 1957—1965 年

1958—1962 年，国民经济年增长 0.65%。1962 年与 1957 年相比，工业总产值增长 19.9%，平均年增长 3.8%；农业总产值则下降了 4.3%；国民收入下降了 14.5%；全民所有制职工平均工资下降了 5.4%。其间，1959—1961 年，中国经济遭遇到空前的困难。1960 年 9 月，中央批转国家计委《关于 1961 年国民经济计划控制数字的报告》提出著名的"调整、巩固、充实、提高"的八字方针，要对国民经济进行调整。1961—1962 年，政府开始实施经济调整政策，贯彻

① 1949 年 8 月 12 日《人民日报》撰文《关于城市房屋、房租的性质和政策》指出："这种房产的所有权属于人民政府，属于人民，更明确地说，主要是以工人阶级领导的以工农联盟为基础的人民大众的公有财产，是带有社会主义性质的财产。""应当把所有城市房屋看作社会的财产，加以监护……"这一论述体现了我党在新中国成立初期对于住房所有制的基本政策取向。

② 基本任务包括：(1)继续进行以重工业为中心的工业建设，推进国民经济的技术改造，建立我国社会主义工业化的巩固基础；(2)继续完成社会主义改造，巩固和扩大集体所有制和全民所有制；(3)在发展基本建设和继续完成社会主义改造的基础上，进一步发展工业、农业和手工业的生产，相应发展运输业和商业；(4)努力培养建设人才，加强科学研究工作，以适应社会主义经济文化发展的需要；(5)在工农业生产发展的基础上，增强国防力量，提高人民的物质生活和文化生活的水平。

"调整、巩固、充实、提高"的八字方针，国民经济开始转向良性循环轨道①。

这段时间住房投资量大幅减少，占基本建设投资比重大大降低，远低于"一五"时期的水平，一度使"二五"时期住宅投资在基本建设投资比例中的份额下降至 4.11%，全国住宅竣工面积占全国房屋竣工面积的比例下降至 28.3%，出现了住宅建设的第一个低潮时期②。与 1957 年建设投资额 138.29 亿元相比，1958 年的基本建设投资上升到 266.96 亿元，几乎翻了一番，然而住房投资却由 1957 年的 12.84 亿元下降到 8.10 亿元，比重由 9.3%下降到 3.0%。到了 1959 年，基本建设投资已经增加到 344.65 亿元，其中住房投资只有 13.76 亿元，住房投资占比只有 3.9%。后来的 1960 年，住房投资虽然有所增加，但占基本建设投资的比重只达到 4.1%。

3.2.2.2　1966—1976 年

1966—1976 年，住房投资占基本建设投资的比重进一步下降，从统计数据来看，大部分年份的住房投资占比均低于 5%，1970 年的 2.6%是历史最低点③。

当时，新的住房制度不能建立，老的住房制度也不能得到规范的执行，出现了众多的住房分配纠纷问题和住房建设欠账问题，在全国范围内的住房问题也变得越来越突出。

"三五"、"四五"和"五五"前三年期间，住宅投资占基本建设投资的比例分别为 4.02%，5.71%和 6.71%，达到了历史的最低值，出现了住房建设的另一个低潮期。④ 致使城镇居民居住水平难以改善，长期在低水平上徘徊的原因主要有两个方面：一是住房建设资金严重不足，二是城镇人口急剧增加。据统计资料显示，新中国成立初期共有城镇住房约 2.52 亿平方米，由于缺乏定期维护、加之年限较长，这些住房大多已属危旧房屋。

---

① 刘国光.中国十个五年计划研究报告[M].北京：人民出版社，2006：235.
② "二五"之前的 1950 年至 1957 年，在需要大量投资工业能源交通重点建设的同时，投入了较多资金用于住房建设。投资占基本建设投资的比重平均每年达 9.83%，有时达 12.5%。
③ 中华人民共和国国家统计局.中国统计年鉴[M].北京：中国统计出版社，1980.
④ 中华人民共和国国家统计局.中国统计年鉴[M].北京：中国统计出版社，1980.

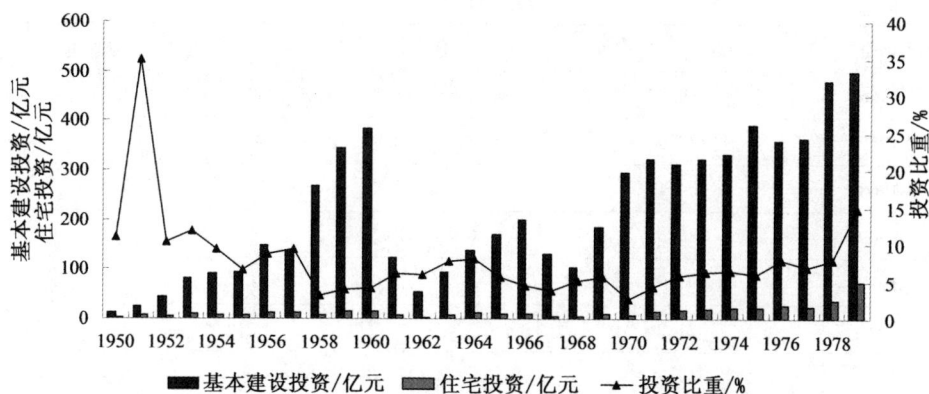

图 3-1　我国住宅投资占基本建设投资的比重(1950—1979)

　　传统的住房分配制度是以统一扣除、统一分配为手段,强行抑制城镇居民的住房需求,如表 3-1 所示,在 1950 年到 1960 年,国家住

表 3-1　我国住宅投资占基本建设投资的比重(1950—1979)

年份	基本建设投资/亿元	住宅投资/亿元	投资比重/%
1950	11.34	1.25	11.0
1951	23.46	8.21	11.0
1952	43.56	4.48	10.3
1953	80.01	9.47	12.5
1954	90.62	8.44	9.3
1955	93.02	6.16	6.6
1956	148.02	12.74	8.6
1957	138.29	12.84	9.3
1958	266.96	8.10	3.0
1959	344.65	13.76	3.9
1960	384.07	15.7	4.1
1961	123.34	7.43	6.0
1962	53.62	3.16	5.9
1963	94.16	7.28	7.7
1964	138.69	11.16	8.0
1965	170.89	9.43	5.5

表3-1(续)

年份	基本建设投资/亿元	住宅投资/亿元	投资比重/%
1966	199.42	8.77	4.4
1967	130.52	4.96	3.8
1968	104.13	5.21	5.0
1969	185.65	10.21	5.5
1970	294.99	7.62	2.6
1971	321.26	13.71	4.3
1972	312.79	17.97	5.7
1973	321.26	19.85	6.2
1974	333.01	21.55	6.5
1975	391.86	22.94	5.9
1976	359.52	28.16	6.1
1977	364.41	25.06	6.9
1978	479.55	37.54	7.8
1979	500.00	73.79	14.8

资料来源：根据历年中国统计年鉴中有关资料整理得出。

房投资比重占基本建设投资比重基本在10%左右，不断增加公有住房比重，累计增加公有住房2.43亿平方米。社会上公有住房数量在不断增加。在20世纪50年代末期，公有住房成为住房社会保障的绝对主体。到1970年住房投资比重降至历史最低，仅占当年基本建设投资的2.6%，详见表3-1和图3-1。城镇中小企业很难得到财政拨给的住房建设资金。在1950年到1979年30年间，基本建设投资波动巨大，住房投资比重也起伏不定，在20世纪50年代末期到60年代形成建设低潮。

由于国家发展重点的变化，住房建设占基本建设投资比重的总体趋势不断减少。20世纪50年代累计投资超过85亿元，60年代超过80亿元，70年代超过260亿元。但公有住房增加的数量远远没有达到人口增加的数量，致使城市的人均居住面积已经从1949年的

4.5 平方米下降至 1978 年的 3.6 平方米①。1949 年到 1978 年的 30 年间，住房投资长期维持在明显偏低的水平，有悖于经济发展的基本规律，产生了巨大的社会需求矛盾。人均住房投资不到 300 元，远远低于社会对于住房的投资需求，人民日益增长的住房需求和社会保有的住房量之间存在巨大的矛盾，这种矛盾必将成为住房产权制度改革的有效推动力。

3.2.2.3　总体特征评价

1949 年到 1978 年我国实施计划经济的 30 年间，国家建设成为社会关注的重点，意识形态发挥了重要的作用，城镇居民生产的价值本应用于住房消费的资金被人为地集中起来用于基础设施和工业建设；在低工资的基础上，国家通过统一建设及行政分配的方式将住房租给职工居住，只是象征性地收取部分租金，住房的维护费用甚至采暖费用基本由国家承担或补贴。

由于城镇的住房建设实行中央与地方两级管理，住房建设和维护资金理应由中央与地方两级财政负担，但是中央和地方政府一直未设这一部分的专项资金，而是作为一种非生产性投资，附列在基本建设投资之中。这一时期的住房分配制度具有"低工资、低租金加补贴、实物配给制"的特征。低的工资标准形成了社会的常态，人们本能地认为工资只是国家付给个人报酬的一部分，住房、教育、医疗等也是报酬的组成部分，到了 20 世纪 70 年代末期，这些额外的工资形式由于投入不足已经远远不能满足居民的需求了。

3.2.3　城镇住房产权公有制与低租金矛盾关系

长期以来，我国城镇住房实行的是低租金制，而没有将其看作商品进行经营。新中国成立初期制定了"以租养房"政策，全国城镇平均住房月租金为 0.3 元/平方米。这种房租的计费标准是全国统一的，住房市场的租赁关系也比较正常，这对于住宅的养护和维修、改善居民居住条件以及改变旧社会的租赁关系都起到了很好的促进作

---

① 成思危.中国城镇住房制度改革：目标模式与实施难点［M］.北京：民主与建设出版社，1999：106.

用。

1955 年，国家干部住房由免费配给制改为工资制，他们所无偿使用的共有住房也开始需要交纳租金，虽然每平方米只有 0.12 元/月，但这一政策的实施却影响了接下来二十多年的公有住房使用制度。但在此情况下，国家本来设想的"以租养房"的构想却难以实现了。由此，中央专门召开会议讨论租金的收缴标准问题①。

随着城镇住房公有产权制度不断强化，公有住房的租金不断下降②，到了 1963 年底，全国住房租金已经降到了 0.10 元/平方米左右。租金逐步降低的趋势一直持续到 1979 年，直到国家城建总局颁布了《关于重申制止降低公有住宅租金标准的通知》，降低租金的势头才得到遏制，见表 3-2。

表 3-2 1977 年全国部分城市住房租金标准

城市	租金标准	城市	租金标准	城市	租金标准
全国平均	0.133 元/平方米	长春市	0.19 元/平方米	哈尔滨市	0.101 元/平方米
西安市	0.218 元/平方米	北京市	0.126 元/平方米	成都市	0.08 元/平方米
广州市	0.266 元/平方米	上海市	0.163 元/平方米	呼和浩特市	0.074 元/平方米
乌鲁木齐市	0.25 元/平方米	昆明市	0.148 元/平方米	兰州市	0.069 元/平方米
天津市	0.219 元/平方米	沈阳市	0.12 元/平方米	贵阳市	0.067 元/平方米
保定市	0.218 元/平方米	重庆市	0.105 元/平方米	衡阳市	0.054 元/平方米

在实施低租金福利住房制度的 1949 年到 1978 年间，中国城镇居民的人均居住面积从 4.5 平方米下降到 3.6 平方米，政策的实施不但没有改善居民的居住条件反而带来住房的短缺。由于过分地强调"公平"，住房效率很低，城市居民的住房条件长期得不到改善。以上海市为例，从 1950 年到 1977 年的 28 年间，住宅竣工总量是 1592.87 万平方米，还不及 1997 年全年的竣工总量。人均居住面积

---

① 1957 年 9 月党的八届三中全会上指出"必须适当提高职工住公房的收费标准，租金一般应包括折旧费、维修费、管理费三项费用"，房租"一般每平方米每月应收租金 0.25 元，按每户 16~20 平方米的居住面积计算，每月房租为 4~5 元，一般应占职工工资收入的 6%~10%，平均 8%左右"。中共中央转发周恩来同志在八届三中全会上《关于劳动工资和劳保福利的报告》。引自国家城市建设总局房产住宅局，北京日报社理论部.城镇住房问题[M].北京:北京日报出版社，1981:93.

② 以长沙市为例:1954 年的平均住房租金是 0.369 元/平方米，1956 年降为 0.309 元/平方米，1958 年降为 0.297 元/平方米，1963 年降为 0.26 元/平方米。

长期维持在 4 平方米左右，28 年间人均居住面积仅增加 0.6 平方米。不难看出，这种住房制度完全不能适应我国居民的住房需求。

国家在住房问题上投入产出的不平衡，严重制约了城镇住房发展的良性循环，国家不得不背负着住房租金差额这一沉重的包袱。国家和企事业单位的住房投资过大，维修费用较多，公共住房管理不到位，制度不严格，住房建设难以为继，这都严重阻碍了城镇住宅产业的发展，住房供需矛盾日益凸显。可见，除了受当时整个宏观经济影响外，过分强调"公平"，忽视"效率"的计划经济供给体制才是制约其发展的重要原因。

3.3　公有制度下住房建设与分配的博弈

3.3.1　中央与地方政府利益主体界定

3.3.1.1　中央政府与地方政府的委托代理关系

可以将中央政府与地方政府的关系看作一个委托人-代理人的契约关系，中央是委托人，地方是代理人。地方政府负责贯彻和落实中央政府关于住房建设和分配的各项政策和规定。中央政府要为地方政府制定一个激励相容的督促机制，使地方政府的行动满足中央的各项目标。

3.3.1.2　信息不对称对制度效率的影响

计划经济是相对于市场经济而言的，采用计划的方式对资源进行分配，对生产进行安排，对产品进行分配，即用中央计划部门制定的具体指令来指导地方进行经济运行，地方再进行计划的落实并负责下一层计划的制定，形成了一个自上而下的计划和自下而上的反馈所组成的金字塔形的社会形态，每个社会成员都在其中有一个相对固定的位置和职能，这些计划的指令和信息的反馈通常是纵向联系的。因此，上层的计划制定部门要根据下层计划执行部门的效率和成果进行奖励或惩罚，进而需要形成或需要制定相应的基于委托-代理的激励机制。

计划根据本身的作用和目的可以分为指令性计划和指导性计划。指令性计划是具有约束力的命令；指导性计划则是提供对于那些通常无法由市场供给信息的计划，需要由下级政府或部门有选择性地完成。因此，计划经济所遇到的最大的问题是信息的不对称性，这种自下而上的信息不对称比横向的信息不对称的效率更低。总体反映出的就是全局性的最优决策并不能对各地或部门产生相应的激励机制。

3.3.1.3 激励措施对制度有效性的影响

一方面中央政府的计划能够得到贯彻和执行的关键在于地方政府和部门的利益是否能够得到满足，即激励措施是否有效，这是由于两个主体的目标不一致造成的。另一方面，由于我国幅员辽阔，政府层级和行业部门层级众多，会进一步加剧信息不对称造成的负面影响，即生产的产品不一定合乎消费者的需要，消费供给不足就产生了，这正是产生商品短缺的体制根源之一。

在此基础上，中央政府的主观目标对计划的制定起到了决定性的作用，也进一步决定了计划在实施过程中失败，进而造成了欺上瞒下的问题，反映在经济上就是浮夸风。经济发展的不确定性包括资源分配的不确定性、生产能力的不确定性、消费需求的不确定性，这几种情况综合起来造成了计划与实际的脱离，预计目标难以实现。计划经济下住房建设与分配效率低下的原因也正是如此。

在我国实行计划经济的 30 年间，中央政府与地方政府就利益分配问题而形成了利益相对独立的主体，这种由委托-代理而形成的利益主体是不对称的，并在博弈的过程中形成了相对固定的模式，我们可以采用住房建设作为博弈目标来复原这一博弈过程。

3.3.2 住房建设完全信息下的博弈模型

3.3.2.1 基本假设

住房产权公有制下的住房保障情况主要取决于住房建设的资金的投入情况，这部分资金是由中央政府和地方政府分别负担，地方政府建设住房的数量取决于自身的财政收入和贯彻中央指示的主观能动性。利用完全信息下的博弈模型可以模拟住房资金的分配和使用过程。

在信息完全的情况下，博弈模型相对简单，假定中央政府和地方政府对住房建设的信息和规则是事先确定的，双方的预期行为也是可以估计的，双方的财政收入和支出情况也是公开的。在此基础上，中央政府和地方政府的税收收入分成是固定的，即是一个固定的比例分配关系。投入住房建设的资金也是固定的，但在执行过程中，存在中央政府对地方政府的补贴问题。

地方政府的住房建设计划是根据中央政府的统一指令性计划完成的，中央政府通过补贴或贷款的方式支持地方政府进行住房建设，获得的住房数量由双方按照事先约定共同分配和持有。在某种情况下，地方政府也会自主进行住房建设，但进行住房建设的物资是中央政府的指令性计划分配的，在建设和住房分配过程中就存在着利益分配问题。

3.3.2.2　模型构建

假定中央的各种住房投入用 L_a 表示，属于地方的投入用 L_b 表示，中央与地方建设成果数量中获得的共享用 L_{ab} 表示。

当中央政府决定扩大住房建设规模，会将由中央政府控制的住房建设资金下拨到地方政府和中央下属企业。在此情况下，短期内地方政府所辖范围内住房的保有量将会增加，中央与地方按照事先约定对住房增加数量进行分成，假定增加的数量各得 $1/2$，即 $1/2L_{ab}$；在这种情况下，如果中央政府扩大住房建设规模，地方政府根据建设计划也会相应增加住房建设投入，增加住房供给数量。此时，双方的支付函数为 $(L_a+1/2L_{ab}$，$L_b+1/2L_{ab})$；但如果中央政府决定扩大住房建设规模，地方政府不相应扩大住房建设规模，这样中央政府将分不到由于扩大住房建设规模而增加的住房数量，中央政府和地方政府的住房成本支付函数分别为 $(L_a-1/2L_{ab}$，$L_b-1/2L_{ab})$。

在原有的经济结构①和经济环境下，如果中央政府认为扩大住房

---

① 所谓的经济结构，说到底是利益结构的刚性造成的需求越来越小的产品越来越无人问津，而生产此产品的企业不但没有减少，反而由于技术的进步还越来越多，生产这些产品的企业的工资、奖金、各种福利不减少，企业的管理费用开支不下降，甚至贷款发工资，企业不能退出，夕阳产业不会随着需求的下降而退出，这样的经济结构是不可能合理的。经济结构说到底是激励机制所决定的，而激励机制是由产权制度决定的。

建设规模会导致其他重点建设领域的投入不足，采取减少住房建设规模的决策，即利用行政指令的手段收回基本建设投资权，缩减住房建设资金投入，缩减住房的生产物资使用计划。在这种情况下，地方政府就面临着两种选择：① 如果地方政府扩大中央政府的住房建设计划，而继续扩大住房建设规模，那么中央政府就要负担相应的住房投入成本，设其总额为 D，并且假设中央政府为了稳定所付出的成本严格大于地方政府为扩大住房建设规模而上交给中央政府的那一部分住房数量，即 $D > 1/2L_{ab}$。地方政府也相应会有被中央政府惩治的成本发生，将其称为惩罚成本，用 G 表示，为使这种惩罚是有效的，那么 G 就要严格大于或等于地方违反中央政府的住房建设计划规定所得到的收益 $1/2L_{ab}$，即 $G > 1/2L_{ab}$，这样，中央政府与地方政府的支付函数就是 (L_a-D, L_b-G)。② 如果地方政府按照中央政府的住房建设计划行事，则双方互不影响，中央和地方得到各自的那部分住房数量，双方所得到的不少于某一个初始点上的收入存量，得到的支付为 (L_a, L_b)；这样，就得到中央政府和地方政府的支付矩阵：

$$\begin{bmatrix} (L_a+1/2L_{ab}, L_b+1/2L_{ab}) & (L_a-1/2L_{ab}, L_b-1/2L_{ab}) \\ (L_a-D, L_b-G) & (L_a, L_b) \end{bmatrix} \quad (3-1)$$

将支付矩阵按照中央政府和地方政府各自采取的策略进行分配，将得到完全信息条件下的中央政府与地方政府在住房建设中的博弈矩阵，如表 3-3 所示。

表 3-3　完全信息条件下的中央政府与地方政府在住房建设中的博弈矩阵

		地方政府	
		扩大投资	服从计划
中央政府	扩大住房建设规模	$(L_a+1/2L_{ab}, L_b+1/2L_{ab})$	$(L_a-1/2L_{ab}, L_b-1/2L_{ab})$
	控制住房建设规模	(L_a-D, L_b-G)	(L_a, L_b)

从表 3-3 中，通过推理就可以找到纳什均衡点。在中央政府扩大住房建设规模时，如果地方政府相应扩大住房建设规模，中央政府得到 $(L_a+1/2L_{ab})$，地方得到 $(L_b+1/2L_{ab})$；如果地方政府不相应扩大住房建设规模，中央政府与地方政府相应得到 $(L_a-1/2L_{ab})$ 和 $(L_b-1/2L_{ab})$。

由此可见，无论从中央政府还是从地方政府所得的支付成本函数来看，选择服从计划要好于扩大建设规模，对于理性的政府决策者来说，双方会选择前者，即(L_a+1/2L_{ab}，L_b+1/2L_{ab})，此为中央选择扩大住房建设规模时，双方博弈的一个纳什均衡点；另一种情况是，如果中央政府根据总的发展形势的变化(住房建设决策的外生变量)决定控制住房建设规模，中央政府和地方政府分别有两种选择，即(L_a-D，L_b-G)，(L_a，L_b)；已假定D>1/2L_{ab}和G>1/2L_{ab}，这样，对于中央政府来说，L_a严格优于L_a-D；对于地方政府来说，选L_b严格优于L_b-G。这样，得到当中央政府选择控制住房建设规模时的一个纳什均衡点(L_a，L_b)。

3.3.2.3 模型讨论

通过上述分析，得到了中央政府和地方政府均衡状态的两个纳什均衡点，即，(L_a+1/2L_{ab}，L_b+1/2L_{ab})，(L_a，L_b)。从住房建设的实效成果看，由于中央政府与地方政府各自分配和建设的住房数量是分别进行管理的，中央政府部门有自己所属的企业，其投资建设的住房由中央政府及其部门所有，形成了实际意义上的部门控制权；而地方政府的利益与其自己控制的住房数量的发展是成正相关关系的，地方要想获得更多的收益，就必须扩大自己所属的住宅数量，要想从中央政府所拥有的住房中得到额外的住房数量是不可能的。这样，当中央决定扩大住房建设规模时，地方也会迅速扩大住房投资规模，因为这种投资更趋于时间性、准无偿性、资金专用性①，这样可以迅速提高地方的住房保障程度，使自己的利益最大化。这种选择无疑是最优选择。

中央政府与地方政府所不同的是，中央政府除了自己获得的住房保障数量以外，还要考虑一个全国性的住房供给问题。由于在短期内，这种住房建设的模式是无法迅速调整的，中央政府控制的生产资料可以通过调整指令性计划，在短期内投资于建设住房，以解决瓶颈问题②。如果各地基本建设投资出现迅速扩大的趋势，必然导致各地生产资料短缺的问题，部分建设项目受到影响，建筑材料数量短

---

① 一般而言，用于基本建设的投资是通过中国人民建设银行专门下达的，具有专款专用性。

② 中央政府也是一个经济人，它不能从建设项目投资中直接获得收入。但经验表明，它通过税收等生产和流通环节中得到补偿。

缺，导致计划执行受阻，进而造成经济秩序混乱，这样迫使中央不得不压缩基本建设投资。在此假设下，中央政府通过银行系统控制基建投资总量时，最便捷也是最有效的办法就是用行政办法控制投资规模，这是最节省控制成本的措施。这一调控的思路一直由计划经济时代持续到了市场经济时代，为我国社会主义市场经济的建设打上了深深的计划经济烙印。

在面对通货膨胀的情况下，由于中央政府掌握了制定计划和实施调控措施的权力，根据博弈结果，在中央政府决定控制住房建设规模的情况下，地方政府最优选择也只能是控制住房建设规模。可见，在我国计划经济体制存在的近三十年中，住房建设领域一直存在着"一放就活，一活就乱，一乱就收，一收就死"的反复循环，其实质是中央政府住房建筑计划和市场需求脱节，出现问题后宏观控制措施矫枉过正，地方政府对住房建设理性选择的必然结果。

3.3.3 住房建设不完全信息下的博弈模型

3.3.3.1 模型假设

上面假定了中央政府与地方政府互相了解彼此的住房建设投入情况，而事实上在计划经济时期，由于信息的不对称性，无法实现下情上达，中央政府制定政策存在着盲目性，地方政府往往不知道中央政府何时会采取控制住房建设规模措施，何时会刹住投资。在实践中，也很难确知中央政府是真正控制住房建设规模还是临时控制住房建设规模，尤其是不知道中央政府对于计划实施不力的惩罚成本有多高。在这种情况下，必须放弃原来的假定，来说明中央政府和地方政府的选择战略。

中央政府和地方政府在建设住房问题上的博弈中，地方政府遇到的难题是无法获得中央政府的明确措施，以及中央政府为维持住房建设规模所付出的成本。中央政府在控制住房建设规模时，可以采用的措施包括缩减银行建设贷款、缩减基本建设生产资料分配计划等来稳定经济。但究竟什么时候采用什么方式控制住房建设规模，完全是中央政府在信息不对称下作出的近似随机的决策。也就是说，中央政府在控制基本建设规模过程中的主观随意性很强，缺乏一个既定的经济调控决策流程和办法。此外。中央政府对地方政府违背计划所施加的惩罚是难以确定的,因为中央政府没有一个明确的稳定住房保障的指令和所采取的制裁形式。

因此,由于住房建设监督成本和计量成本的复杂性和多样性,如果地方政府不按中央住房建设计划,而私自建设住房,将对提高地方政府的利益提供前提条件。从现在理性的角度来看,地方政府私自扩大住房规模似乎是正确的,但这些建设成本是以减少其他基本建设项目投资为代价的,而且还存在被中央政府惩罚的风险。综上原因,需要在住房建设和投资规模信息不对称的基础上建立住房建设博弈模型。

3.3.3.2 模型构建

假定中央政府对住房建设的各种投入用 L_a 表示,地方政府对住房建设的各种投入用 L_b 表示,中央与地方对住房建设成果数量中获得的共享用 L_{ab} 表示。

如果中央政府准备扩大住房建设规模,在信贷和住房生产资料划拨计划方面会放松。在短期内,中央与地方共享部分的住房数量会增加,但根据模型假设,地方政府不知道得到多少住房数量,在这种情况下,如果中央政府扩大住房建设规模计划,地方政府也会进行相应住房建筑投入,在此情况下,中央政府和地方政府的支付函数为 $(L_a+\delta L_{ab}, L_b+(1-\delta)L_{ab})$;另一种情况,如果中央政府扩大住房建设规模,而地方政府不响应,即地方政府没有采取相应投入,采取欺骗措施,这样中央政府将分不到由于扩大住房建设规模而增加的部分住房数量。这样,中央政府和地方政府的支付函数分别为 $(L_a-\delta L_{ab}, L_b-(1-\delta)L_{ab})$。

如果中央政府认为由于扩大住房建设发生了问题,控制住房建设数量计划,即中央的行政性手段,为稳定经济付出成本 D,但这里很难确定这种稳定成本 D 是严格大于还是小于由于地方政府扩大住房建设规模而上交给中央政府的那一部分住房数量 δL_{ab};而与中央政府相背离的,地方政府所要付出被制裁的惩罚成本,用 G 表示,同样也很难确定这个惩罚成本 G 是严格大于还是小于地方违反中央政府的规定所得到的住房数量 δL_{ab};由此,两者的支付函数为 $(L_a-D, L_b-$

G）；如果地方政府按照中央政府控制住房建设规模的指令行事，则双方的支付函数为（L_a，L_b）。这样就构成了双方的支付矩阵：

$$\begin{bmatrix} (L_a+\delta L_{ab}, L_b+(1-\delta)L_{ab}) & (L_a-\delta L_{ab}, L_b-(1-\delta)L_{ab}) \\ (L_a-D, L_b-G) & (L_a, L_b) \end{bmatrix} \quad (3-2)$$

将支付矩阵按照中央政府和地方政府各自采取的策略进行分配，会得到不完全信息条件下的中央政府与地方政府在住房建设中的博弈矩阵，如表 3-4 所示。

表 3-4 不完全信息条件下的中央政府与地方政府在住房建设中的博弈矩阵

		地方政府	
		扩大投资	缩小投资
中央	扩大住房建设规模	$(L_a+\delta L_{ab}, L_b+(1-\delta)L_{ab})$	$(L_a-\delta L_{ab}, L_b-(1-\delta)L_{ab})$
政府	控制住房建设规模	(L_a-D, L_b-G)	(L_a, L_b)

在中央政府和地方政府对住房建设规模的博弈矩阵中，研究发现这是一个混合博弈均衡问题。

3.3.3.3 模型讨论

假定用 γ 代表地方政府扩大投资规模的概率，在给定条件下，中央政府选择扩大住房建设规模或者控制住房建设规模的期望为：

$$E_{f_1}(1, \gamma) = (L_a+\delta L_{ab})\gamma + (L_a-\delta L_{ab})(1-\gamma) \quad (3-3)$$

$$E_{k_1}(0, \gamma) = (L_a-D)\gamma + L_a(1-\gamma) \quad (3-4)$$

解 $E_{f_1} = E_{k_1}$ 得：

$$\gamma^* = \frac{\delta L_{ab}}{2\delta L_{ab}+D} \quad (3-5)$$

从式（3-5）可以看出，地方政府扩大住房投资规模的概率取决于在地方政府扩大住房投资规模中，中央政府所获得的收益与其付出成本之比，如果地方政府扩大住房投资规模的概率小于 $\frac{\delta L_{ab}}{2\delta L_{ab}+D}$，也就是说，中央政府从地方政府扩大住房投资规模中所得到的收益要大于所支付的住房市场稳定成本，中央政府的最优选择是扩大住房建设规模；如果地方政府扩大投资规模的概率大于 $\frac{\delta L_{ab}}{2\delta L_{ab}+D}$，即中央政府从地方政府扩大住房投资规模中所得到的收益要小于所支付的

住房市场稳定成本,那么中央政府的最优选择是控制住房建设规模;

如果地方政府扩大投资规模的概率正好等于 $\dfrac{\delta L_{ab}}{2\delta L_{ab}+D}$,即当中央政府

从地方政府扩大住房投资中所得到的收益等于所付出的住房市场稳定成本时,中央政府的最优选择是随机地选择控制住房建设规模或扩大住房建设规模,假设这个概率是 γ ,地方政府选择扩大投资或缩小投资的期望收益为:

$$E_{f_2}(\theta,\ 1)=\left[L_b+(1-\delta)L_{ab}\right]\theta+(L_b-G)(1-\theta) \qquad (3-6)$$

$$E_{k_2}(\theta,\ 0)=\left[L_b-(1-\delta)L_{ab}\right]\theta+L_b(1-\theta) \qquad (3-7)$$

解 $E_{f_2}=E_{k_2}$ 得:

$$\theta^*=\cfrac{1}{\cfrac{2L_{ab}\theta(1-\delta)}{G}+1} \qquad (3-8)$$

由此可见,如果中央政府扩大住房建设规模的概率小于

$\cfrac{1}{\cfrac{2L_{ab}\theta(1-\delta)}{G}+1}$,也即地方政府所得到的收益小于惩罚成本,即 $2L_{ab}\theta$

$(1-\delta)<G$ 时,地方政府的最优选择是扩大住房投资规模;如果中央

政府扩大住房建设规模的概率大于 $\cfrac{1}{\cfrac{2L_{ab}\theta(1-\delta)}{G}+1}$,也即地方政府所

得到的住房建设收益大于惩罚成本 $2L_{ab}\theta(1-\delta)>G$,地方政府最优选择是缩小住房投资规模;如果中央政府扩大住房建设规模的概率恰

好等于 $\cfrac{1}{\cfrac{2L_{ab}\theta(1-\delta)}{G}+1}$,那么地方政府所得到的收益也等于惩罚成本

$2L_{ab}\theta(1-\delta)=G$,地方政府可以随机地选择扩大或者缩小投资规模。

因此,混合战略的均衡点是 (θ^*,γ^*) ,即 $\theta^*=\cfrac{1}{\cfrac{2L_{ab}\theta(1-\delta)}{G}+1}$, $\gamma^*=$

$\dfrac{\delta L_{ab}}{2\delta L_{ab}+D}$ 即中央政府以 $\cfrac{1}{\cfrac{2L_{ab}\theta(1-\delta)}{G}+1}$ 扩大住房建设规模,地方政府则

以$\dfrac{\delta L_{ab}}{2\delta L_{ab}+D}$扩大住房建设规模。但实际上，中央政府没有考虑到地方政府在住房建设过程中采取的策略，而是盲目下达指令，造成了我国在计划经济时期住房建设规模不断缩小。

3.3.4　住房产权公有制度下制度设计的缺陷

在1949—1978年30年计划经济时代，虽然中间存在一些变动，但核心制度还是延续苏联的计划经济体系，计划经济的实质内容并没有变化。由于各地区经济发展差距、激励机制以及信息不对称等原因，计划经济存在着由于诸多制度原因导致的效率低下问题，特别是在住房建设领域表现尤为明显。

在我国住房建设体制中，已经形成中央政府与地方政府分别投入、分别管理的体制。这个体制对于调动中央政府和地方政府的两个行为主体的积极性是有一定激励作用的。但中央政府与地方政府在住房建设投入资金的分配上却留下了一个缺口，这成为我国今后住房建设和分配体制改革的既定条件，即如果谁不保证地方的既得利益，谁就会成为这种体制的牺牲品。任何形式的改革，都必须首先保证地方政府或利益主体的既得利益，这是我国今后改革的路径依赖的最重要的制度要件。类似制度设计情况在现阶段的保障性住房建设中也有所体现。

3.4　城镇住房产权公有制度的经济绩效与路径依赖

3.4.1　城镇住房产权公有制度存在的主要问题

3.4.1.1　住房管理体制效率低

传统住房分配体制在其特定的历史条件下形成，并发挥了积极的作用。传统的住房管理体制有行政性和分散性两大特点。行政性使得住房管理完全由行政手段所控制，没有经济手段参与和调节；而分散性指住房投资决策、规划、建设、管理等环节分别由政府的财政、规划、建设或企业的基建部门等负责组织实施,由于各环节之间存在不合理分工和缺乏协调,使得管理效率异常低下。

3.4.1.2　资金缺乏导致市场机制陷入恶性循环

地方政府和其所管理企事业单位是提高城镇居民住房水平的主体,住房的建设资金是全体城镇劳动者的剩余价值再分配,是以政府的财政拨款和企事业单位的住房福利基金的形式体现的,并且根据居民的社会贡献、工作时间等因素进行分配,这种分配机制的建立并没有考虑市场的影响,福利分配和居民的极低使用成本使这种福利分配的投入产出产生了巨大的差异,导致这种制度的可持续性大打折扣。

这种统包统分的传统城镇住房制度将企事业单位直接转变为解决职工住房问题的承担者,带来了三方面的影响:一是住房补贴加重了企业的经济负担,住房的建设和维护都需要单位负担,某些企业用于职工住房的开支占了职工年工资总和的四成;二是企事业单位在建房、分房、维修、管理等方面投入了大量精力,一定程度上影响了集中精力抓住房建设的本职工作,特别是在分房过程中为平衡各方利益寻租会造成多种矛盾;三是由于长时期的企业分房,使得职工对企业形成了心理依赖,极大地影响了劳动力资源的正常流动和有效配置。

3.4.1.3　阻碍住宅业及整个国民经济发展

在计划经济的社会大背景下,我国各级政府的行政手段和企事业的自身决策决定着住房的供给和分配,而不是个人的实际负担能力和实际需求,完全否认了市场机制对住房的作用。其实质是传统的住房保障制度否定了住房的商品属性,不认为住房是商品,不能进入市场进行交换,排斥了市场机制对住房资源配置的调控,剥夺了市场机制在住房领域中应该发挥的资源配置的基础性作用,进而造成了住房市场恶性发展。

种种迹象表明,以国家公有住房福利分配、低租金使用甚至无偿使用为特征的城镇住房产权公有制度只会持续造成入不敷出的恶性循环,住房建设不能得到可持续发展,没有了生产资料和资金的积累，住宅建设发展必定会受到制约，住房供需矛盾日益加剧，居民居住水平无法提高。

另外，在这种体制下，城镇住房产权主体利益与产权来源的对应性缺失造成了城镇住房产权本身也缺乏商品性。一旦职工获得了住房的使用权，就只能是永久地占有和使用，无法自由地在市场上流动。这一排斥了住房商品属性的现实也阻断了城镇住房产权的市场交易渠道。这种城镇住房产权的凝固性成为了传统城镇住房保障制度的一个必然结果。近30年的福利住房分配制度，使得国家和企业承受了巨大的压力和负担。因此，对城镇保障性住房制度进行改革势在必行。

3.4.2 城镇住房产权公有制度矛盾性分析

3.4.2.1 住房建设集约化与分配公平的矛盾性

这一时期，我国的公有住宅有两种，分别是"直管公房"和"自管公房"。其中，"直管公房"由政府的下属部门房管局直接管理；"自管公房"由国家机关、企事业单位进行建造、分配和管理。与之对应的住房投资一般通过两种方式进行：一是依据基本建设投资计划配套拨付的，二是少量零星安排的住房投资。显然，前者只提供给那些新建的单位，而后者往往具有较大的随意性，那些规模大、级别高、谈判能力较强的国有企事业单位才能得到这部分住房。因此，同样受雇于国有单位的职工住房条件因其受雇单位不同会存在巨大的差别。

根据历史经验可以直观地观察到这种矛盾的体现：中央的政府部门和中央所属企事业单位职工的住房水平高于地方政府及所属企事业单位的水平，沿海经济发达地区城市住房水平高于内地经济不发达地区的住房水平，富裕单位的职工住房水平高于贫困单位的水平。因此，单位与政府的博弈结果才是能否获得基建项目的关键。我国传统住房保障体制的最大弊端就是以低房租和高补贴形式表现出的实物福利制度，以及这种福利在居民之间的分配不公。

3.4.2.2 住房分配行政化与按劳分配的矛盾性

由于计划经济体制问题以及单位统包职工住房的历史原因，造成了不同城市之间、不同地区之间和不同单位之间的住房分配不均，原有体制下各个国有企事业单位雇员的住房条件也是不均衡的。之所以这样，还是因为在对房屋进行福利分配的时候没有贯彻好公平的原则。

原有住房体制实行的是住房实物分配福利制度，住房是人人共享的福利，多分多得益。那么必然造成的结果是：第一，住房分配以工龄、厂龄和家庭人口数量为主要依据，是严重的平均主义，与按劳分配的原则极不相符；第二，住房的行政分配制度按照职工的行政级别、职务等非经济因素进行，既缺乏科学性也违反了按劳分配的原则，加之社会监督机制的缺失，造成了普遍的寻租倾向，分配不公由此产生。这种制度安排只是给少数人创造了福利，给大众带来的却是大量的分配不公，住房行政性内部分配也给具有分房权的人们提供了大量的寻租空间，滋生了住房分配中的腐败问题。

3.4.2.3 住房租金福利化与维持成本的矛盾性

对于国家来说，不但每年要支出巨额的住宅建设资金，还要付出大量的维修养护资金，以至于国家投资建设的房屋越多，国家的经济损失也就越多，致使国家财政不堪重负。统计显示，在 1978 年，我国城镇居民人均居住面积为 3.6 平方米时，国家和单位需要支付的人均年房租补贴为 28.08 元[①]。陈云在 1980 年《经济形势与经验教训》一文中就对巨额的住房建设资金和维修资金的效率产生了担忧，特别还提到了福利租金和国家补贴必然性[②]。

国家和企业投入到住房建设的资金在住房低租金制度下难以得到有效的回收，就连房屋的维修费用也是需要补贴的，形成了"租不养房"的局面。在房改之前，国家和企业每年投入建房的资金为 200 亿元，外加住房维修管理以及给职工发放的住房补贴等总计达到 300 亿元。而分配给职工的住房租金很低，全国平均住房月租金只有 0.13 元/平方米（按使用面积计算），个别城市的租金个人负担为

---

① 王文忠.上海 21 世纪初的住宅建设发展战略[M].上海：学林出版社，2000：240-243.

② 陈云指出："粮食的收购价格高，销售价低，国家要补贴。……房租很低，只能作修理费，甚至抵不了修理费。(两者)国家补贴共计有 200 多亿元。从微观经济看，这是不合理的，似乎是不按经济规律办事。但我国是低工资制，如果国家不补贴，就必须大大提高工资。"

0.06~0.07 元/平方米甚至更低。而按照住房成本计算的租金每平方米应该在 1.5 元左右，若按照商品租金计算，每平方米已超过 2 元①。由于房租收入相较于房屋的维修费用似乎是九牛一毛，以至于全国有一半以上的住房出现失修、危房、房屋寿命缩短等状况。最终形成了国家和企业建房越多，支付的维修和管理费用补贴越多的沉重包袱。

实践证明，传统的福利分房办法不利于资源的优化配置，也无法通过此种方式解决住房的公平和效率问题。

3.4.3 城镇住房产权公有制度改革的经济绩效

3.4.3.1 城镇住房产权公有产权的权利虚化

权利虚化是指没有实际收益的权利，只是名义上持有而没有实际行使的权利。传统住房制度中住房分配要素对于住房分配的主体起到制约的作用，在分配和消费两个负面影响因素的影响下，有中国特色的住房制度体系中的城镇住房产权变得错位②。其中，住房消费制度处于住房分配制度的下游，职工生产的剩余价值是住房供给制度的资金来源，但在工资中没有得到相应的体现。由于职工工资中没有包含住房的消费成分，进而出现了低租金的情况，那么低租金和低工资又令国家公共积累增加，进而形成了住房建设资金；其中住房建设资金能否回收以及成本、居民获得住房的产权结构构成是整个城镇住房制度体系的核心。

决定该制度体系运行的核心关键是城镇住房产权关系，它构成了我国传统住房制度的各种矛盾的主要方面。传统住房产权制度在制度构成和运行模式上体现了行政计划性、非商品性的计划经济特征，此外，在住房资金的划拨，住房建设生产资料配给、实物住房的供给分配方面都体现出这一特征。从资金划拨到使用的过程来看，来源于公共积累的住房资金实质是职工工资的预扣，这种本应属于职工所有的产权结构却被行政体制转归为国家所有。从住房存量来

---

① 中华人民共和国国家统计局.中国统计年鉴[M].北京:中国统计出版社,1980.

② 赵四海.中国城镇住房问题研究[D].武汉:华中师范大学,2003:31.

看,住房建成后的使用和市场价值长期被忽略,其产权较资金而言复杂得多,既有职工所有,又有企业所有,同时土地价值又是真正的国有。

综上所述,传统住房制度的实质是由错位的产权和复杂的制度构成的,职工的城镇住房产权被转归为国家产权,真正意义上的国家产权又仅仅是虚化的住房公有产权。

3.4.3.2　城镇住房产权公有制度效率低下

从产权的概念来看,公有住房的所有权当然地归国家或者国有单位所有,然而这仅是名义上的所有权。实际上,除去新中国成立初期通过没收、托管、赎买等政策获得的最初的国有住房,对于后期增加部分的公有住房,只能解释为工人长期低工资下的工资积累,即将原本货币化分配的住房基金转变为实物化的分配方式,也可以解释为国家公共积累①,因此,这部分国家公共积累的公有住房的来源是新中国成立初期我国低工资制度下职工工资扣除的积累。因此,国有单位的城镇住房产权除去土地使用权以外,其产权应归职工个人所有。另外,从住房的使用权以及派生的收益权和处置权来看,职工所拥有的住房权利包含了对住房的永久使用权、隐藏的处置权和收益权,事实上,这就已经拥有了对其个人住房的永久使用权。

显然,两种住宅的建造资金都来自国家财政拨款,住房也理所应当归属国家所有。但事实上,国家仅有"有名无实"的所有权,居民则有着"有实无名"的使用权。之后一段时间,不仅新的住房管理制度没有出台,原有住房制度也受到重创,保障性住房制度一度陷入停滞。

综上所述,不难看出,在传统住房制度下的住房所有的名义主体(国家)和实质主体(职工)之间发生了错位,职工拥有住房的使用权、收益权和部分处分权,已经具备了住房所有者权利的主要权利。

---

① 杨鲁,王育琨.住房改革:理论反思与现实的选择[M].天津:天津人民出版社,1992:21.

3.4.4　城镇住房产权公有制的路径依赖特征

一种社会制度的演进，到一定的阶段后总是受既存的文化、传统、信仰体系等因素的制约①，制约因素包括了政治、经济、文化等多个方面内容。当时经济水平低下要求我们集中有限的人力、物力、财力才能实现国民经济的快速发展。

自 1949 年到 1978 年的 30 年间，我国住房产权由于长期的计划经济作用影响，体现了比较明显的路径依赖特征，即路径依赖发挥了重要的基础作用。特别是传统的经济体制、政治体制、文化体制中都存在着一些诱发平均主义的因素。由路径依赖导致的平均主义分配方式广泛地渗透到我国从中央到地方、从政府到企业、从社会到家庭的各个方面，涉及了社会的经济、政治、文化生活的各个领域和日常生活中的各个方面，由于制度依赖特征使人们对存在的不合理性习以为常。

福利化的城镇住房产权公有制以及平均主义的住房分配方式，在新中国成立后的 30 年间是城镇居民获得住房保障的唯一方式。

新中国成立后长期存在的计划经济体系为平均主义分配方式的存在和实施提供了不可缺少的前提基础和条件。国家包揽了城镇居民的包括住房需求的全部生存需要，为福利化的城镇住房产权公有制以及平均主义的住房分配方式提供了强大的政治权力保障机制。

在计划经济时代，政府、企业和个人都是国家所控制的总体的组成部分，特别是中央政府和地方政府作为公有制所有者的代表对企业实行直接的管理，但是，随着社会经济条件的变化，社会意识形态的不断变迁，这种计划经济体制的积极作用逐步减弱，消极作用日益增强，固有弊端日益显现，在实施市场经济和改革开放后，这种固有的制度依赖特征的影响才逐步降低。

---

① 北京大学中国经济研究中心.经济学与中国经济改革：北京大学中国经济研究中心经济学前沿系列讲座[M].上海：上海人民出版社，1995：1.

3.5 小结

　　我国在 1949 年至 1978 年的 30 年间，计划经济主导下的传统的城镇住房产权公有制度和福利分配制度的存在有其合理性和必然性，并在一定程度上发挥了重要的社会保障作用。面对新中国成立初期房租高与职工工资低的实际情况，在城镇大量兴建住房，解决了普通职工的住房困难，维护了社会安定；面对新中国成立初期的实际情况，采用福利分配的方式，促进了社会公平，奠定了社会主义的重要基础。然而，随着经济社会的不断发展变化，社会意识形态的不断变迁，传统的住房制度弊端逐步显现，住房投资建设的全面公共性带来了利益寻租、住房分配实物福利性的单一性、住房经营非营利性的管理维护资金匮乏、住房管理纯行政性的多样性缺失、城镇住房产权的错位和凝固性。导致无法从根本上解决居民的住房问题，同时还抑制了住房建设发展，传统住房制度亟需一种新的制度来更替。这既是提高人民生活水平的要求，也是维护城镇社会稳定的现实需要。在我国决定实施市场经济、进行改革开放的过程中，在国家经济发展战略的调整和经济体制改革的进程中，传统城镇住房公有制度和福利分配制度已越来越不适应建立社会主义市场经济体制的要求，并已经或即将成为制约住房发展的重要阻碍因素。

4 多元分配下城镇住房产权多种
所有制度（1979—1998）

1979 年到 1998 年是我国城镇住房私有化、商品化进程的开始和初步发展阶段。其特点在于，一是部分传统的公有住房转化为私有住房；二是福利分房制度依旧延续，即我国住房制度仍以公有化为主体，住宅私有化逐步推进和福利分房并行发展，即城镇住房产权多种所有制度。多种所有产权制度开启了我国住房产权制度变迁的一个新形式，它在一定程度上打破了长期以来的福利分房的思想禁锢。随着市场经济的初步确立和改革开放的逐步推进，社会和经济发展在客观上给建立与社会主义市场经济相适应的住房产权制度提出了新的要求，改变已有产权制度，建立新型的住房保障体系成为了当时经济和社会环境下我国住房体制的理性选择。

4.1 邓小平理论是城镇住房产权多种所有制度的理论基础

4.1.1 邓小平关于住宅建设与产权问题的相关理论

1978 年邓小平提出"解决住房问题路子要宽些"。这是一个帮助中国城镇住房实践发展和理论研究指明方向的最初构想。邓小平同志就城镇住房问题多次公开发表相关意见，特别是关于我国住房制度的一系列指示为建设有中国特色的住房保障体系提供了理论基础①。在此之后，我国政府相继推出了一系列的诸如补贴住房、新房新制度、允许居民自建房、设立住房公积金、发展住房金融、改善住房投资体系等住房制度改革方案，逐步促进了我国住房市场的良性发展，并改善了居民的居住条件。以 1980 年邓小平讲话为标志的住房制度改革是城市多项改革中最早的一项，房改提出的最初动因正是一段时间以来无法改善的住房困难局面。然而，虽然邓小平的讲话没有明确提出"住房商品化"这一概念，但是"住房是商品"的观念却是这时出现的。住房的商品属性决定了新老房子都可以出售而且房租和房价根据区位差别而不同，这就完全突破了福利制住房的禁锢。另外，邓小平还首次提出了"个人可以建房、新旧公有住房均可以向职工出售"的观点，这些都是对于我国传统公有制住房体制的挑战。在住房的社会保障方面，他明确了对低工资职工给予补贴，也就保障了低收入群体的基本住房需求。这种构想，解决了如何处理住房改革与低收入家庭住房保障之间关系的问题。

1992 年，邓小平南方谈话提出了社会主义市场经济理论。1992年 10 月，党的十四大确立了中国经济体制改革的目标是：建立社会主义市场经济体制。1993 年 11 月，党的十四届三中全会发布了《中共中央关于建立社会主义市场经济体制若干问题的决定》，指明了我国市场经济深化改革的方向，明确了改革措施和步骤，提出国有企业建立现代企业制度的改革目标，这也从根本上规定了住房产权制度改革的方向。

4.1.2　从理论到实践的讨论与总结

邓小平关于解决住房问题的一系列指示形成了邓小平理论下住房保障制度初步的思想和理论，并立刻引起了中央政府与社会各阶

---

① 邓小平指出："关于住房问题，要考虑城市建筑住房、分配房屋的一系列政策。城市居民个人可以购买房屋，也可以自己盖。不但新房可以出售，老房子也可以出售……将来房租提高了，对低工资的职工要给予补贴。这些政策要联系起来考虑。建房可以鼓励公私合营或民建公助，也可以私人自己想办法。"1980 年 4 月 5 日，邓小平在与有关中央负责同志的谈话中讲了这段话。邓小平通过这些高瞻远瞩的讲话，为住房制度的改革确定了基本框架，住房制度改革由此开始了一些理论和实践的探索。

层和各方面对城镇住房制度，特别是产权制度的关注。理论学者开始在各大报刊上讨论社会主义条件下的城镇住房是否具有商品属性。1980 年 1 月，苏星发表了《怎样使住宅问题解决得快些》一文，提出住宅属个人消费品范畴，应当实行商品化消费。这引起了我国房地产经济理论和实践部门展开的城镇住宅属性大讨论。1984 年，我国城市经济体制改革启动，开始了计划经济向有计划的商品经济体制的转轨，国企改革开始展开，这种宏观经济背景使得住房具有商品属性已经在理论界和实践部门达成共识。这种住房属性的讨论为我国新时期住房制度改革和住房保障改革提供了必要的理论准备。

邓小平同志提出的住房有关思想和理论对我国长期以来的住房制度进行了全面、系统的阐述，解释了我国住房改革的根本规律，突破了城镇住房一直以来公有制的思想禁锢，奠定了城镇住房制度改革的思想基础，开启了我国住房改革的新篇章。20 世纪 80 年代以来，我国住房制度改革沿着住房商品化这一构想的方向发展，取得了突破性的进展。

另外，邓小平同志关于住房制度改革的思想还包括调整公房租售比价的思想和发展房地产金融的思想，这是一个完整的体系。经过 20 多年的住房改革探索与实践，住房商品化的新体制基本确立，住房投资主体发生了重大改变，住房实物分配制度被打破，城镇住房产权结构发生变革，居民私有住房比例高达 70%以上，住房管理体制也形成了专业化、社会化和市场化的新格局。

4.1.3　住房部分产权的经济属性

部分产权作为住房公有产权向非公有产权转变的一个过渡，具备了市场机制和政府干预的双重特点，即居民通过市场化的购买支付可以获得住房的市场机制和住房本身所有的政策优惠的政府干预性。由此，居民为购买城镇住房产权所付出的成本低于按照市场价购买住房的成本。从权益的有限性来讲，部分产权的引入必将给改革造成阻力。因为住宅兼具保值和增值的功能，所以居民在自身居住需求之外，还有投资购买住房的期待，期望得到较大的投资收益。然而，在部分产权条件下，居民所购买的住房只能是有条件性的上市,因为居民没有获得住房相应的处分权和收益权,这种投资收益的湮没,一定程度上降低了居民购房的积极性。

不过,按照产权经济理论"产权的分割增进了专业化和知识搜寻的利益,但有关资产所有权的最终责任依然给了它的所有者"的说法,权利束可以按照财产的特定要素进行分割,进而使得财产更有效地适用于各种广泛的目的。部分产权住房的产权形式正是这样一种权利集合的形式,是能够使部分无法实现按照"标准价格"购买住房的消费者进行住房购买的一种方式,这种权利束的分割使得国家和居民实现了双赢。另外,这种所有者权利束的分割也是随着人们需求的变化和创造性的改进而逐步细化的①。总之,产权只有被分割时,才能有效地利用大规模集中的财产,这样说来,住房部分权利的产生正是有效地利用国家集中住房资源解决全民住房保障问题的重要保证。

部分产权不明确的产权关系特征注定了它只能是我国住房产权制度改革中的一种过渡而已。② 1994 年,国务院就出台了《关于继续深化城镇住房制度改革的决定》,要求住房出售价格应逐步从标准价向成本价过渡。标准价是按照职工所在地上一年度的平均工资增长水平、单位发放的住房补贴水平和资助职工建立住房公积金的年增长水平确定的,每年核定一次,同时进一步规定了新建住房的负担价和双职工家庭年均工资的倍数要逐步提高。这些决定和措施表明了在国家层面对部分产权的确立只是一个临时措施,必将不断地将住房价格向市场价格靠近,使其更符合市场经济的要求。

---

① 柯武刚,史漫飞.制度经济学:社会制度与公共政策[M].北京:商务印书馆,2000:229.

② 1991 年 6 月,国务院《关于继续积极稳妥地进行城镇住房制度改革的通知》提到了"部分产权",这是在中央文件中首次提到这一概念,《通知》规定:"今后,凡按市场价购买的公房,购房后拥有全部产权,职工购买公有住房,在国家规定住房面积以内,实行标准价,购房后拥有部分产权……";同年 10 月,《关于全面推进城镇住房制度改革的意见》又规定:"职工购买公有住房,在国家规定标准面积以内的,实行标准价。购房后拥有部分产权……";1994 年 7 月,国务院发布了《关于深化城镇住房制度改革的决定》,规定:"职工以标准价购买的住房,拥有部分产权……",这些都为部分产权作出了明确界定,即职工按照标准价所购得住房的产权,称为部分产权。

4.2 多元投资下城镇住房产权多种所有制度确立

4.2.1 政府层面对于城镇住房产权多种所有制度的实践探索

4.2.1.1 福利性公有住房逐步转变为商品化住房

1978 年 9 月，以我国城市住宅建设工作会议为标志，拉开了我国城镇住房制度改革的序幕①，住房制度改革由此开始了一系列理论和实践的探索，历经了提租补贴、公房出售、建立住房公积金和住房分配货币化等不同阶段。我国在住房分配环节进行了大量的探索，从理论到实践，从少数城市试点到全国大范围推行，从售房、提租的单项改革到租售并举、筹融资的综合配套改革，各个阶段的房改都取得了进展和成果，同时也积累了大量宝贵经验，这些都为我国住房分配机制的转换提供了参考。1978 年，福利性公共住房分配制度逐步转向商品化的住房分配制度，采取了如下两种政策模式：① 采取初步的公共住房商品化政策和措施，在一定程度上体现住房的商品属性；② 将商品和福利化放在同一层面上考虑政策的制定，并让社会公众逐步接受住房是商品这一本来十分简单的本质特征。

1980 年 6 月，中共中央、国务院正式批准公布了关于住房商品化的政策。随后在一些城市开展了住房出售和公有住房补贴出售的试点。

1984 年，第六届全国人大会议《政府工作报告》提出"城镇住宅建设要进一步推进商品化试点，开展房地产经营业务"，基本上确定了住房供给、住房消费商品化和住房消费市场化的基本价值取向。1984 年初，建设部邀请国内房管专家对十七个城市的住房租金和居民收入作了全面深入的调查以后得出结论：我国住房制度体制改革

---

① 这一历史性的住房制度改革的重要意义在于：推动了劳动力市场的发育，完善社会主义要素市场；加快了我国住房金融市场的扩展、住房金融工具的创新和住房金融品种的改善，有效地防范金融风险；有利于完善我国的分配制度，促进社会安定和国有企业改革；住房制度改革有利于促进国家政治文明；促进了居民家庭消费结构的合理化，带动我国国民经济结构调整。

的核心就是要解决低房租问题①。

1986 年，国务院批准成立了"住房制度改革领导小组"和"领导小组办公室"，确定了我国之后一段时期内房改的重点，即逐步提高房租，计划改革内容涉及住宅供给、分配和消费等住宅制度的多个层面。从此，我国房改进入了经济体制改革的序列。1986 年，国务院为制定房改的政策进行准备，确定烟台、蚌埠、唐山等三个城市为住房制度改革的综合配套试点城市，为随后开展的住房产权制度和分配制度改革提供经验。1987 年 7 月，国务院在前期经验的基础上，选择并批准烟台市进行"提租发券、空转起步"的试点。

1979—1995 年，国家共投入 1 万多亿元，建成住宅 25.4 亿平方米，城镇人均居住面积从 1978 年的 3.6 平方米上升到 1995 年的 7.9 平方米，城镇住房成套率达 55%，农村人均居住面积已达 22 平方米。"八五"期间城镇住宅建设共完成投资 8416 亿元，建成住宅共 10.3 亿平方米。其中 1995 年完成投资 3207 亿元，建成住宅 2.7 亿平方米，住宅建设投资占全社会固定资产投资 16.5%，占 GDP 的 5.5%。1995 年个人购买商品房屋占商品房屋销售面积的 51.52%，回笼资金 561 亿元；商品住宅竣工面积占城镇竣工住宅总面积的 45.36%。②

1996 年住宅产业被确立为经济增长点，因为它具备了增长点的几个基本特征：第一，潜在市场需求大。当时，我国城市居民的居住水平还相当低，人均使用面积、每千人成套率等主要住宅建设指标均低于世界平均水平。截至 1998 年底，全国城镇仍有 400 万户家庭的人均居住面积低于 4 平方米。由于城市化进程加快、人口自然增长等因素，全国平均每年将新增城镇人口 1500 万人，对住房形成巨大的潜在需求。③ 第二，潜在供给能力大。当时国内有较多的大中型房地产开发商，并具有雄厚资金、技术开发能力，可提供大量住宅商品。另外，住宅产业所需材料的供给具有保证，住宅用钢材、水泥和玻璃等都是长线产品，可支持住房建设的扩大。第三，科技含量高。

---

① 根据经济学原理，在我国长期实行低房租(月租远低于购房价款的月息)的情况下，绝大部分职工缺乏购房积极性，因此提高房租就成为住房制度改革的思路之一。

② 中华人民共和国国家统计局.中国统计年鉴 1995[M].北京:中国统计出版社,1996.

③ 中华人民共和国国家统计局.中国统计年鉴 1998[M].北京:中国统计出版社,1999.

住宅建设已告别过去的粗放经营，向住宅产业化和科技化迈进，智能住宅出现并成为住宅发展的主导方向。第四，产业关联度强。住宅产业涉及建筑、建材、冶金、化工等 50 多个部门，并直接影响到金融业、旅游、运输等，广泛渗透于国民经济各部门，其诱发系数为 1.98，能在较大范围内带动国民经济发展。世界银行考察报告当时这样评论：中国的住房建设成就即使从国际标准来看也是创纪录的。

4.2.1.2　住房保障制度逐步建立

20 世纪 80 年代后期，我国经济体制的市场化改革逐步开启，党的十四大提出建立社会主义市场经济更加速了这一进程的发展，传统的城镇社会保障制度在丧失了计划经济和集体经济基础的同时，也需要同步进行改革，与市场经济相适应的住房保障制度亟需建立。

1992 年初实施的《关于全面推进城镇住房制度改革的意见》要求在前期试点的基础上，在 1992 年到 1993 年两年时间内，将住房改革制度推向全国范围；随着 1992 年国内市场经济的全面开展，我国城镇住房产权制度改革和分配制度改革已经脱离了探索和试点阶段，进入了全面推进和综合配套改革的新阶段，标志着从中央政府到地方政府终于达成了一致意见，全面推进住房制度改革。

1993 年，中共中央在十四届三中全会上通过了《中共中央关于建立社会主义市场经济体制若干问题的决定》，明确提出要"建立多层次的社会保障体系，对于深化企业和事业单位改革，保持社会稳定，顺利建立社会主义市场经济具有重要意义"。同时还强调了保障体系包括社会保险、社会救济、社会福利、优抚安置、社会互助和个人储蓄积累保障①。

1994 年 7 月，国务院发出了《关于深化城镇住房制度改革的决

---

① 新型社会保障框架包括：① 社会保险：职工养老保险、失业保险、医疗保险、工伤保险、生育保险、公务员养老保险、农民养老保险；② 社会救济：自然灾害救济、最低生活保障制度、乡村"五保"制度等；③ 社会福利：全民福利、残疾人福利、老年人福利、妇女儿童福利、军人福利、教育福利、住房福利；④ 优抚安置：军人抚恤、退伍军人安置、军属优待等；⑤ 社会互助：社区互助、民间机构互助等；⑥ 其他制度：公务员医疗补助、住房公积金等。尽管这种体系仍然存在着城市与乡村壁垒，但其制度安排却是以项目的保障性质来划分的，它摒弃了原有制度的封闭性和受益者的身份性，体现了新制度的社会性和平等性。

定》(国发第 43 号文),标志着我国城镇住房改革进入了一个新的阶段。①

4.2.1.3 住房部分产权私有化实施

在改革开放初期,由于延续的是计划经济时代的工资分配制度,居民收入水平普遍较低,即使是按照成本价格出售的公房,大多数居民也无力购买,进而引发了部分产权出售的政策开始实行。到 1994 年,经济全面发展,带动了住房体制改革的逐步深化,全部产权出售的政策开始实行,公有住房私有化的轨迹越发清晰,即住宅"有限产权—部分产权—全部产权"。然而,值得注意的是,自 1980 年我国住房制度改革试点以来,国内并没有取消实物分房制度,因此这一时期的住房制度呈现出局部私有化与全国性实物分房两者并存的局面,一则政府鼓励城镇职工购买公有住房,二则为了"赶上最后一班车",各地政府也兴建了大量的福利住房。

作为住房制度改革过程中产权过渡的一种形式,部分产权在出售公房中起到了重要的作用。国务院《关于继续积极稳妥地进行城镇住房制度改革的通知》要求公房出售实行两种价格,一是标准价,二是市场价。其中标准价考虑了建设成本的回收和职工的承受能力,属于一种政策价格,但是标准价购买到房屋不能得到完全产权。而市场价购得的房屋可以得到完全产权。

4.2.2 城镇住房产权多种所有制下的实践制度

4.2.2.1 提租补贴制度

1979 年,国家城建总局组成专项调研小组,在全国范围内调查

---

① 《关于深化城镇住房制度改革的决定》(简称《决定》)提出房改的根本目标是要"建立与社会主义市场经济体制相适应的新的城镇住房制度,实现住房商品化、社会化;加快住房建设,改善居住条件,满足城镇居民不断增长的住房需要"。基本内容有:"实行国家、集体、个人三者合理负担;实行住房建设、分配、维修、管理社会化、专业化体制;把住房实物福利分配改为工资货币分配方式;建立中低收入者住经济适用住房,高收入者住商品房的供应体系;建立公积金制度;发展住房金融和住房保险;完善住房市场体系。"《决定》要求房改要坚持配套、分阶段推进。《决定》指出的当时一段时期内的房改任务是:积极全面地推行住房公积金制度;稳步推进租金改革,出售公有住房,大力发展房地产交易市场和社会化的房屋维修、管理市场,加快经济适用房的建设,到 20 世纪末初步建立起新的城镇住房制度,使城镇居民达到小康水平。

研究公房租金情况的标准和收取情况，随后召开的租金改革研讨会提出，为实现"以租养房"，公有住房的租金标准应当根据房屋的折旧、维修和管理等方面的实际支出计算，会议与会成员和国家城建总局的决策者综合分析了城镇职工收入比实际应当获得的劳动所得低的事实，指出现行工资并没有包含住房福利工资，提出在提租的同时应给予城镇职工一定比例的住房补贴，弥补长期以来职工工资中未考虑住房福利支出的不足，形成了"提租补贴"改革思路。此后理论界展开了长达3年的住房福利性与商品性的论战，并初步奠定了住房商品化理论。① 1984年成立的住房租金改革小组根据二次分配理论，正式提出了提租补贴或提租增资的改革思路。

1988年初，在全面调查和总结各试点城市房改经验的基础上，国务院召开了全国住房制度改革工作会议，提出了提租补贴方案，这是我国出台的第一个房改总体方案。方案指出：合理调整公房租金；发放一定数量的住房券抵交新增租金；坚持多住房多交租和少住房可得益的分配原则；建立城镇、企事业单位和个人的三级住房基金；组织出售公有住房。实施提租补贴改革涉及各方利益，这一改革，保证了现有房屋的养护，有效地抑制了不合理住房需求，对实施近30年的福利住房制度提出了挑战。

实施提租补贴制度，对于建立新的工资分配关系提出了要求，需要进一步理顺职工的工资构成。这一做法涉及了国家利益、地方政府利益、企事业单位利益和个人利益，这种利益的重新分配对实施了三十多年的福利住房制度是一个初步的改进尝试。

1988年初全国出现了严重的通货膨胀，中央考虑到如果继续实施提租补贴方案，有可能导致进一步的通胀。同时，提租方案触及了部分既得利益者的利益，遭到了一些抵制和反对。原计划用3~5年完成的提租补贴方案就不了了之了。

1988年，国家建设部提出了"折价出售公房，将租不养房的包袱

---

① 提租补贴方案的主要做法是：根据住房的折旧费、维修费、管理费、投资利息和房产税五项因素，合理调整公房租金；同时根据调租幅度，发放一定数量的住房券，用于抵交新增租金；住房券按个人工资的一定比例发放，坚持多住房多交租和少住房可得益的分配原则，改变以往等级制的分配方式；建立城镇、企事业单位和个人的三级住房基金，以形成稳定的住房资金来源；积极组织出售公有住房，同时进行财政、金融和信贷方面的配套改革。

甩掉"的思路，这一做法受到了广大地方政府和企事业单位的欢迎，实质上变成了变相私分公有住房，在没有明确政策和制度出台的情况下，各地就开始纷纷实施，影响波及全国，持有大量住房产权的地方政府和企事业单位在极短的时间内就销售了超过650万平方米的住房，实际收回的资金不到4.3亿元，每平方米还不到70元，极大地伤害了国家利益和广大人民群众利益，造成了新的不平等，旧伤未平又添新痕。在没有相关政策和制度规定下的住房制度改革，注定了失败的命运。国家建设部意识到了这个问题，于1988年6月8日发出《关于制止贱价出售公有住房的紧急通知》，这个通知下发后虽起到一定作用，但未能完全刹住低价售房风潮，政府的红头文件并不能阻挡既得利益者疯狂的变相私分公有住房的行为，改革第二次走入了低价售房的怪圈。随后，开始了长达3年的国民经济整顿与治理，虽然各地的房改方案在不断出台①，但全国房改陷入相对沉寂。

4.2.2.2　以租代售制度

进入20世纪90年代以后，随着国民经济的增长和人民生活水平的提高，住房问题日益受到社会和公众的重视，中央政府也再一次将住房制度改革作为经济体制改革的一个重要方面加以考虑并进行统筹安排，国家体改委关于经济体制改革政策制定的工作要点中，住房制度改革被置于较为显著的地位。

1991年6月，国务院通过广泛征求各界意见，经过慎重考虑提出并发布《关于继续积极稳妥地进行城镇住房制度改革的通知》(国发〔1991〕30号)，第一次将实现住房商品化纳入了政策层面。10月17日，国务院批转国务院住房制度改革领导小组提出的《关于全面推进城镇住房制度改革的意见》，由此，房改又进入了一个新的发展阶段。

《关于继续积极稳妥地进行城镇住房制度改革的通知》提出继续加大力度合理调整现有公房租金，并且强调在出售公有住房的同时，要坚持实行新房新政策，以保证新建住房不再进入旧的住房体制，为今后的住房制度改革奠定基础。

---

① 据1990年11月29日《人民日报》报道，两年内房改方案全面出台的有19个城市、36个县镇，还有200多个市县进行了单项改革。

住房实物分配规模增长情况见表4-1。

表4-1　住房实物分配规模的增长情况

年份	1987 年	1988 年	1992 年
公房使用面积/亿平方米	2.8	8.63	12.01
应交租金/(元/平方米/月)	0.78	3.19	6.45
实交租金/(元/平方米/月)	0.13	0.13	0.13
应交与实交租金差额(元/平方米/月)	0.65	3.06	6.32
总实收租金(亿元/年)	22	317	910

资料来源：国家统计局《中国统计提要1993年》。①

这些意见和建议的出台表明这一时期的政策取向开始转变，希望通过新房新政策的方式，避开存量住房提租的阻力，通过不断增加住房供给量，保障住房数量的提高以缓和住房需求的矛盾，使住房新制度在量上逐渐累积，实现质变。

与此同时，各地方政府配套的房改方案也陆续出台实施。但多数地区在制定房改方案时，重点吸纳了房改优惠售房的做法，并制定了有利于本地区、本单位的优惠政策，很多的优惠政策并不符合国家文件的精神，实质上变成了地方政府为既得利益者谋求私利的合理理由，因此，近似于无偿的分房现象在全国各地区迅速蔓延。特别在部分中小城市，优惠幅度越来越大，低价售房变成了无偿分房，住房制度改革第三次进入低价售房的怪圈。1992年6月，国务院房改工作会议再次制止低价售房。

4.2.2.3　公房销售制度

为解决政府和企事业单位住房保障的压力，缓解租金和维护费用紧张问题，党的十四届三中全会通过了《中共中央关于建立社会主义市场经济体制若干问题的决定》，明确了住房商品化的发展思路，提出要继续加快城镇住房制度的改革，在控制住房用地价格的基础上，大力促进住房商品化和住房建设的发展。此后，一系列配套的政

---

① 公房面积占城镇住房总面积的75.8%；应交租金在市场经济条件下应包括折旧费、维修费、管理费、投资利息、房产税和利润等，考虑到国家作为住房供给的主体，可不计房产税和利润。应交租金按折旧、维修、管理费和投资利息四项成本因素计算，其中投资利息按20世纪80年代的平均投资利率（年息8.64%、月息0.72%）计算。考虑到1992年之后，房价所包含的不合理因素越来越多，因而据房价所计算出的住房实物分配量并不完全反映居民所得，因此本书仅以1992年以前的资料进行估算。

策陆续出台，总体的发展思路是以出售公有住房为重点，加快住宅产业发展，推进住房产权制度改革和住房分配制度改革。①

1994 年 7 月发布实施的《国务院关于深化城镇住房制度改革的决定》（国发〔1994〕43 号）（以下简称《决定》），标志着我国城镇住房制度改革和配套的产权制度改革以及分配制度改革进入了一个新的阶段。《决定》强调建立新的城镇住房制度，实现住房商品化与社会化。在政策上确立了住房公积金的住房保障作用并希望取代早期的实物分配方式，建立经济适用住房与商品房两种住房供应体系，提出了机制转换和资金筹集相结合的改革战略。

在《决定》出台后，售房资金的管理权又成为各方瞩目的焦点。关于资金的管理权，从 20 世纪 90 年代初财政部门与房改部门即各执一词，财政部门认为公房是国有资产，售房资金应按预算外资金管理方法，由财政部门统一管理；房改部门认为公房是全体职工住房消费资金的积累，尤其改革开放以来新建的公房大部分源于企业留利，故应由产权单位掌管，用于住房建设和房改。

在《决定》中规定：国有住房的出售收入按一定的比例上交同级财政，各企事业等产权单位因此缺乏售房积极性。这个政策没有充分考虑到原产权单位的既得利益，导致在一年多的时间内公房出售基本处于停顿状态。政策没有充分考虑到利益相关者的权益保护，产权单位的积极性才是制约国有住房实施绩效的关键因素。但很快，国家就注意到了这一政策制定的漏洞，随后，1995 年 12 月国务院在上海召开的全国房改工作经验交流会上明确指出，售房款是住房可持续建设的专项资金，以后作为住房产权单位的企事业单位不再按比例上交，全部留归原产权单位。这一补充的规定才真正调动了国有住房产权单位的积极性，资金分配政策明确后，各地区公房出售工作顺利开展。

4.2.2.4　住房公积金制度

1998 年 8 月，国务院办公厅转发国务院住房制度改革领导小组

---

① 在党的十四届三中全会后召开的第三次全国房改工作会议上，国务院住房制度改革领导小组组长李铁映在大会工作报告中明确提出了房改的基本思路，即：以出售公有住房为侧重点，售、租、建并举，政策配套，形成市场，加速住宅业的发展，加快住宅商品化、社会化，早日建立适应社会主义市场经济要求的城镇住房新制度。

《关于加强住房公积金管理的意见》，《意见》明确提出了住房公积金按照"房委会决策、中心运作、银行专户、财政监督"的模式管理，使得住房公积金管理进一步规范和加强。

住房公积金管理工作得到加强。住房公积金在转变住房分配机制、建立政策性住房抵押贷款、积累稳定的住房资金等方面起到了积极的作用。但是对于其属性的认识，学者们有不同的意见。有观点认为，住房公积金类似于居民储蓄，同一般储蓄无大差异；还有观点认为，因为住房公积金有一部分来源于国家财政性资金，所以其类似于国家财政预算资金；另外的大多数观点认为，我国的住房公积金不同于其他国家的住房公积金，它的来源是职工工资，资金运用采用互助形式，是一种对于住房改革中的补贴，是实物分配变为货币分配的手段。总之，住房公积金制度的建立解决了职工工资中住房消费含量不足的问题。

截至1998年底，全国范围内的住房公积金归集额已达到了1231亿元，全国累计发放住房公积金贷款830亿元。住房公积金制度是一种单位同个人间有关住房货币补贴变为体制变迁而建立的共担成本机制。表面上来看，住房补贴发放的原因是提高普通居民的住房支付能力，而实质上也隐含了住房资金分配机制的转换，即从建设资金向消费资金、从实物分配向货币分配的转换。

4.2.3 城镇住房产权多种所有制度的实践做法

4.2.3.1 "三三制"补贴出售新建住房确立共有产权制度

为了解决职工无力购买住房的情况，1982年，有关部门在总结了"成本价出售公房"试点经验的基础上，提出了"三三制"补贴出售新建住房制度，要求国家、单位、个人三者共同负担住房售价，每个主体承担三分之一，随后在四平、常州、郑州、沙市等四个城市进行了试点示范。1984年10月，"三三制"出售新建住房开始在全国稳步开展。截至1985年底，"三三制"在全国27省进行了推广，累计出售新建住房超过1000万平方米。

从"三三制"的实施情况来看，个人负担房价的1/3，极大地减轻了住房负担，每套住房所需职工承担的部分仅相当于其个人全年工资的三到四倍，普通家庭一般用两年左右时间就可以购买一套新建公共住宅。此时，国家的补贴重点依旧是拥挤户和无房户；企业的补贴重点是本单位的职工，尤其是住房困难的职工。这种补贴吸收了社会资金，加快了住宅的建设速度；另外，对于产权问题，此种住房的产权归个人所有，更加有利于对房屋的维护和管理。

　　然而，"三三制"的做法当然不能改变大部分职工收入过低，缺乏配套金融借贷措施的状况，仍然有大部分人无力购买住房；另外，在"三三制"中，国家和单位无法承担补贴和解决资金不能够自我循环等问题，似乎"三三制"也没有达到理想的效果。但是，值得说明的是，这种制度从理论上和认识上都打破了传统住房制度的束缚，为之后的住房商品化、分配货币化做了必要的前提准备和舆论宣传①。

　　《国务院关于深化城镇住房制度改革的决定》规定，职工按照房改价格或标准价格购买的公有住房，购房五年后，可以将其按照市场价格出售或者出租，在补缴土地使用出让金和有关税费后，其收入归个人所有。以标准价格购买的城镇住房产权按照购房人和单位的出资比例进行分配。

　　这种实验性质的住房出售，受到了政府和居民的极大重视。住宅所有权是居民掌握财产的需求，也是其积累投资的需求。而就投资而言，预期收益是必然存在的，这也正是住房私有的意义所在。那么既然是投资，住房出售的对象就应该是高收入人群而非低收入阶层。就投资来讲，除了购买力以外，个人的投资意愿也是该政策能否成功实施的关键，理性的个人会权衡购买和租赁的收益比例问题，确立合理的价格水平。对于获得住房产权的可交易性也是广大职工考虑的重要问题。这些影响因素的通盘考虑和博弈结果为之后我国住房出售政策的制定产生了指导性的意义。

　　4.2.3.2　以成本价向职工出售新建住房探索私有产权

　　新中国成立以来，我国实行的旧住房制度主要是由国家来分配、供应住房，为此，改革的初始阶段就自然将落脚点放在破除旧有的住房分配体制上来，同时也要综合考虑其他方面的改革进展。为此，邓小平提出"不但新房可以出售，老房子也可以出售"。在这种允许

---

① 吴亚非，郭庆汉.住房制度改革的回顾与反思[J].社会科学动态，1999(11)：40-44.

"公有住房出售"的精神的指引下，国家住房建设主管部门于 1979 年选择了西安、柳州、梧州、南宁等四城市进行试点，开展了向职工出售新建住房的尝试，但这一时期的成本价对比职工的工资水平相对较高。此种房屋由政府统一建造，按照成本价格出售给职工或者其他居民。住房商品化是和改革开放初期商品经济的建立同时提出的，从根本上确认了住房产权私有化的合法性和合理性，允许个人建房、买房。公有住房出售试点范围扩大到全国各主要城市，从市场表现来看，截至当年 10 月，全国五十个城镇以土建成本的价格向职工个人出售新建住房共计 747 套，合计 42376 平方米，职工的购买欲和经济能力都证明了公房出售给个人的可行性。然而，这种公房出售的所占比例还很低，只占同期新建住房的 1/2000，也说明了并不是所有的职工都具备购买住房的经济能力，公房出售也难以全面展开。1982 年，以土建成本价向职工出售新建住房的办法基本停止。

4.2.3.3 住房合作社集资建房成为城镇住房产权私有制的雏形

合作经济在不同社会制度下均有出现，其一般特点是主体间有自愿、互助、民主、平等的合作关系。1988 年 2 月，国务院出台了《关于在全国城镇分期分批推行住房制度改革的实施方案的通知》，为住房合作社的合法地位奠定了基础，明确了住房合作社的目标和任务。

1992 年国务院出台的《城镇住宅合作社管理暂行办法》，进一步明确了住房合作社的建立、成员、性质①，明确了住宅合作社的集资合作建房的性质属于合作经济。同年 6 月，财政部颁发了《关于住房制度改革中财政税收政策的若干规定》。我国住宅合作社的发展历经十几年，仍然存在着数量不多、规模不大、影响较小的问题。从合作住宅的规模来看，中国 1978 年至 1998 年的 20 年间的城镇住房建设竣工总量为 475 亿平方米，其中合作住宅只有 12 亿平方米，占 2.5%，而且地区间的建设发展也不平衡，多数地区还处于落后状态。

---

① 1992 年 2 月国务院住房制度改革领导小组、建设部、国家税务局发布《城镇住宅合作社管理暂行办法》，该办法明确规定了居民可以通过成立住宅合作社，集资建设属于自己的住宅。其中，住宅合作社是本市行政区域内中低收入的城镇居民（包括职工），为解决自身住房困难，在人民政府或单位的组织下，自愿建立的、不以营利为目的的公益性合作经济组织。其任务是：筹集资金，建设住宅，并对建设的住宅进行分配、维修和管理。

说明合作住宅在我国住宅建设整体中的地位明显没有优势。

4.2.3.4 经济适用住房建设扩大了住房私有产权的范围

1991 年，国务院在《关于继续积极稳妥地进行城镇住房制度改革的通知》中提出了经济实用的商品住房概念①，这个概念与后来的"经济适用住房"有着本质的区别。而且提出了部分产权的概念，要求各地区在进行新住房的建设和分配中要切实实行新房新制度，避免新建住房进入旧的分配体系，还重点强调了国家统一政策的严肃性。

1994 年 7 月，国务院下发了《国务院关于深化城镇住房制度改革的决定》，首次提出了推行住房公积金的做法，并且详细明确了出售公房的具体操作办法，标志着中国住房制度的改革进入了全面实施的阶段②。但是，《决定》没有具体说明经济适用住房这种住房供应形式的对象和用地来源等相关问题，只提出了要坚持住房商品化、社会化的改革目标。

1994 年 12 月建设部颁发的《城镇经济适用住房建设管理办法》对经济适用住房的供应对象、用地安排、建设方式与模式、管理机构等内容进行了简要的说明，这就是国家政策对于经济适用住房的初步定位。但是由于缺少与经济适用住房配套的金融、财政、分配等政策措施，旧有的福利分房制度依旧存在着。

4.2.3.5 国家安居工程为中低收入家庭提供住房保障

在深刻总结了十几年来住房改革实践的基础之上，国务院于1994 年发布了《国务院关于深化城镇住房制度改革的决定》，提出了要启动国家安居工程项目。其实，安居工程早在 1993 年就已经开始研究，在总结各地经济适用住房建设经验的基础上，其目的是要解决国有大中型企业职工和大中城市居民的住房困难，同时配合住房体

---

① 该政策指出"住房建设应推行国家、集体、个人三方共同投资体制，积极组织集资建房和合作建房，大力发展经济实用的商品住房，优先解决无房和住房困难户的住房问题。各级政府要在用地、规划、计划、材料、信 贷、税收等方面给予支持。"

② 该《决定》确定了"建立与社会主义市场经济体制相适应的城镇住房制度，实现住房商品化、社会化"的改革目标，并把"建立以中低收入家庭为对象、具有社会保障性质的经济适用住房供应体系和高收入家庭为对象的商品房供应体系"作为我国当时房改的重要内容之一，同时指出"各地人民政府要十分重视经济适用住房的开发建设，加快解决中低收入家庭的住房问题"。

制改革,建立具有社会保障性质的经济适用住房供应体系。

1995 年,国务院下发《转发国务院住房制度改革领导小组国家安居工程实施方案的通知》,在政策层面首次提出了住房保障的问题,这时中央已经意识到住房的完全商品化不可能实现全民的住房保障。对实施安居工程的建设作出了初步的安排,在全国范围内每年建设安居工程要超过 3000 万平方米,采用国家贷款和地方的房改回收资金综合投入的建设模式,另外还特别规定了住房建设用地由当地政府无偿划拨,对建设过程和分配过程中的税费进行减免,并将建设完成后的住房按照成本价出售给中低收入家庭。

国家安居工程的建设和投资主要以个人负担为主,综合采取政府和所在单位扶持的政策,这个实施方案成为改革开放后住房保障制度的一个雏形,但也存在诸多不完善之处,例如没有对分配制度作出详细的说明,没有对各地方政府的建设任务进行规划。但是这个不完备的政策为加快我国城镇住房商品化和社会化提供了重要的实施蓝本,为以后的改革积累了宝贵的经验,为城镇住房制度改革提供了政策示范。

安居工程是推动房改、加快经济适用住房建设的一项重大举措。其进展相当迅速,1997 年底的建设规模为 7159 万平方米,解决了 65万户城镇居民的住房问题,1998 年上半年分两批下达的计划建设规模为 10694 万平方米,两年合计建设总量已经完成了最初的计划总量①。

4.2.3.6　住房保障程度持续改善

1978 年以后,住房实物分配量发生了根本性的变化。城镇住房投资持续提高,住房投资占 GNP 的比重维持在较高水平;相应地住房建设速度和建设量明显增长;年末房屋居住面积由 1978 年的27717 万平方米增加到 1998 年的 331217 万平方米,城市人均住宅建筑面积由 1978 年的 6.7 平方米增加到 1998 年的 18.7 平方米。与此相对应,城镇职工从国家得到的住房实物分配量也有了快速增长。②

---

① 成思危.中国城镇住房制度改革:目标模式与实施难点[M].北京:民主与建设出版社,1999:
137.

② 中华人民共和国国家统计局.中国统计年鉴 1998[M].北京:中国统计出版社,1999.

4.2.4 存在的主要矛盾

4.2.4.1 住房需求与住房供给的矛盾

城镇住房的供需矛盾并没有从根本上得到解决。1990 年全国城镇仍有无房户和住房困难户 800 万户，其中人均居住面积在 2 平方米以下的特困户有 50 万户，还有 5000 万平方米的危房、6 亿平方米新中国成立前遗留下来和 20 世纪五六十年代建造的简易房需要改造，此外每年有 200 万对新婚青年需要住房。

1978—1998 年城镇居民住房情况见表 4-2 和图 4-1。

表 4-2 城镇居民住房情况（1978—1998）

年份	年末房屋居住面积/万平方米	城市人均住宅建筑面积/平方米
1978	27717	6.7
1980	34505	7.2
1981	37996	7.7
1982	42057	8.3
1983	46509	8.9
1984	51446	9.5
1985	58164	10.0
1986	69799	12.4
1987	75953	12.7
1988	85900	13.0
1989	93152	13.5
1990	97613	13.7
1991	106059	14.2
1992	118786	14.8
1993	130317	15.2
1994	166017	15.7
1995	203517	16.3

表4-2（续）

年份	年末房屋居住面积/万平方米	城市人均住宅建筑面积/平方米
1996	243017	17.0
1997	283617	17.8
1998	331217	18.7

资料来源：中国统计年鉴（1980—1999）。

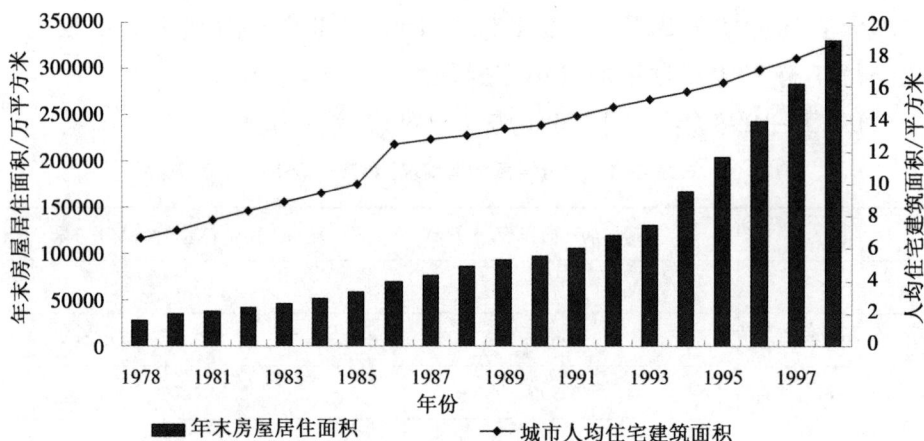

图4-1　城镇居民住房情况增长示意图（1978—1998）

1990年国家统计局对12个市的8000名职工进行的住房消费心理问卷调查的结果表明：50.1%以上的职工要求解决住房问题和改善居住条件，在九项亟需解决的问题中居首位。改革开放所带来的生活水平的提高，已经使城镇居民的消费层次发生了很大的变化。人们在解决温饱问题之后，迫切要求改善居住条件，住房已成为居民消费和提高生活水平的重要方面。这种对住房需求的压力，使住房短缺的矛盾更加突出。1998年，全国城镇人均住房面积不足美国的三分之一，不足日本的二分之一，且人均居住在4平方米以下的还有325万户；城市中还有3340万平方米危险房需要改造；住房成套率还较低，有45%的住房不配套，缺乏居住生活必要的厨卫设施。随着我国城镇化水平提高，城镇居民对住宅需求持续增长，但逐步升高的房价和居民低收入的矛盾日益突出，特别是高收入群体通常住房保障情况较好，低收入群体无力承担改善住房费用，直接影响了房地产市场的形成。

4.2.4.2　商品房积压与安居工程建设的矛盾

在房地产表面繁荣了 3 年后,截至 1995 年底,全国商品房空置面积超过 50 万平方米,比 1994 年又增长了超过 50%,其中住宅占四分之三以上。国家在 1994 年启动的"安居工程"建设,1995 年在近 60 个城市试点,到 1996 年扩大到了近 150 个城市,建筑总规模超过 1400 万平方米。但在 1995 年,安居房全国平均售价为 1125 元,本来面向住房困难户建设的安居工程住房售价甚至超过了中高收入的购买群体的支付能力。由于受困难户有效支付能力的限制,安居房并未落实到真正的困难户手中,甚至部分安居房由于分配体制原因也存在着空置的现象。

另外,1984 年城市实行经济体制改革以后,城镇企业的经济类型构成与劳动力就业结构发生了很大的变化,越来越多的人改变了以往国有企业是"铁饭碗"的观念,开始进入外商独资企业、中外合资企业乃至私营企业工作,这些适应改革开放时机而发展起来的新兴企业,给予职工的工资较高,与仍实行低工资、高福利的国有企业相比具有较强的人才吸引优势,有学者称这类企业的收入分配形式为按劳动力价值分配(李斌,1998)。由于这些企业大多不负责提供住房、医疗等相关福利,于是就有了挣钱找外企、住房找国家的说法,"一家两制"(即夫妻双方一方在外企挣高工资,一方在政府机关或国有企业享受住房、医疗等高福利)被认为是高学历年轻夫妇的最佳选择。

20 世纪 80 年代末期,据成都市调查,该市只有 40% 的单位建房、分房,60% 的单位基本上没有建房的历史,这一类单位的职工人数约占职工总数的三分之一。在住房实物分配方式下,住房分配的条件之一是家庭人口,因此在这类企业工作的职工有相当一部分是借助国有单位分房改善居住条件的。在日趋激烈的市场竞争中,国有企业因劳动力成本的明低实高而渐渐陷于不利的窘境。

4.2.4.3　商品房价格与居民收入的矛盾

1990 年全国商品房平均销售价格为每平方米 703 元,1995 年上升到 1710 元。商品房价格上涨的主要原因是成本上涨。商品房的成本构成极不合理，各种行政性收费、摊派占了相当比重。据 1995 年研究资料显示，在商品房建设过程中，地方政府征收的土地出让金、各种税费超过 200 种，其中五分之三以上为不合理收费，70 年的土地出让金通过竞争方式向开发商招标或拍卖，进一步抬高了商品房房价。另外各地政府都责成房地产开发商进行房地产综合开发，本来由政府负责投资建设的基础设施和公共设施却要由开发商承担，导致了开发成本的进一步增加，也是造成房价过高的重要原因。一次性收取 70 年土地出让金、各项配套建设费用，实际上均转化为购房者的负担。当时城镇商品房价格构成中，各种费用所占比例大致为：土地费用占 20% 左右，建安工程费占 40% 左右，市政公用设施费占 20%~30%，各种税费占 10%~20%。

根据国际通常标准，一套普通住房的总价格应该和所在地区家庭收入存在对应关系，通常为家庭年收入的 3~6 倍，超过了这个标准说明住房保障程度不高，购买需求将产生不足，但我国在 20 世纪 90 年代长期的通货膨胀压力导致了房地产价格大幅上涨，住房由原本具有保障特征的消费品转变成了具有保值功能的投资品，高收入家庭大量购买的后果是进一步推高了房地产价格。最终的结果是在 1994 年，在一般城市购买一套 55 平方米的商品房的费用，相当于高收入家庭年收入的 13.6 倍、中等收入家庭的 21.8 倍、低收入家庭的 42.8 倍。

4.2.4.4 住房低租金福利分配与住房价格的矛盾

在 1997 年，在新建住房的购买群体中，个人购买的住房不到三分之一，大部分都由政府机关和企事业单位购买，然后无偿或以极低的价格分给下属职工，导致了大多数居民还是等待单位福利分配住房。由于单位的购买力较强，也在很大程度上进一步推高了房价，进而导致了房价租金比的进一步提高，更强化了居民等待单位分房的心理依赖性，例如在 1990 年，平均一套住房年租金与房价的比大约是 1：120，到了 1997 年，进一步加大到了 1：160。

在此基础上，居民购买公房的积极性受到了进一步的打压，在 1995 年，全国公房销售比例不到 10%。总之，房价租金比的问题不解决，低租金福利分配的制度不破除，职工就没有购买公房的积极性，新的住房保障制度就不可能建立，建立房地产市场更是天方夜谭了。

4.2.4.5　住房分配公平与建设效率的矛盾

人均居住面积的增加并不能掩盖住房保障失衡的实际问题，在地区之间、行业之间、单位之间甚至单位内部都存在非常严重的住房分配不公问题。由于商品房的购买主体是政府部门和企事业单位，这些单位自身的财政能力决定了保障程度，实际上将原本计划的住房市场化转变成了变相的福利分配，这种新瓶装旧酒的行为极大地影响了房地产市场的健康发展。造成这种后果的不是自由竞争的市场，而是地方政府默许下的腐败行为。

在实施住房制度改革之前，住房一直被视为一种福利，以实物方式近似无偿地分配给职工使用。由于居民对住房的需求基本不受支付能力的制约，因而在 20 世纪 80 年代中期的中国城镇，人人都在申请住房，差别只在于有人要得到房，有人要不到房而已。于是能否搞到更多的住房，便成为部分人显示特权、展示"能力"的新方式。个别干部名下有三五套住宅，还有人为住宅而行贿，造成权力寻租。部分职工分不到住房，还有老少三代同居一室的个别情况。这种不合理的分配，引起百姓的极大不满，以致国务院 1988 年印发的《关于在全国城镇分期分批推行住房制度改革实施方案》中，将有助于减少住房领域的不正之风作为推行房改的重要意义。

在统收统支的计划经济体制下，各企事业单位可供分配的住房数量主要取决于建设资金的多寡，而各单位的住房建设资金数则取决于各级政府的财政拨款。由于政府拨给不同单位的建房资金额差距很大，在实施改革前就已造成了各类企事业单位住房苦乐不均的事实。住房产权的分割还导致了住房使用中的无效率：一是城市中广泛存在着"空关房"现象，据典型调查，北京市三环线左右的住房空关率达 5%~10%，从而造成住房资源使用中的浪费；二是居民对住房不爱惜；三是阻碍了住房资源的合理流动；等等。

从住房分配的结果看，地区之间、城市之间、行业之间、企业之间、企业内部存在着保障程度的极大差异，大量的单位多年不建设不购买住房，而很多单位多次分房。有房职工和无房职工在工资待遇上却基本无差别，进一步加剧了这种分配的不合理。从表 4-3 可见，1992 年国家对职工的实物分配为职工工资总额的 23.1%，货币分配为职工工资总额的 11.4%，共计 34.5%。其中有房职工得到的住房分配为 41.9%，无房职工和住私房职工得到的住房分配仅为 11.4%。

表4-3　1992年职工住房分配占工资总额的比重

	实物分配/%	货币分配/%	共计/%
城镇平均	23.1	11.4	34.5
有房职工	30.5	11.4	41.9
无房职工	—	11.4	11.4

即使在有房职工之间，由于住房拥有面积和住房质量的差别，住房分配情况也是很不相同的。换句话说，就是部分个人享受到了比自身贡献更多的住房福利，超过本身工资中的住房部分扣除，而更多的人是既没在工资中获得住房福利工资，也没有享受或较少享受到住房的福利待遇。

这种状况造成的一个重要后果就是有房人或分配较多的人本来就是高收入群体，他们没有动机购买商品房，无房户通常本身就是低收入群体，其收入低，甚至还要租赁社会上的私有房屋，更没有能力去购买新建的商品房，结果就造成了有房人不愿买，无房人买不起的状况。

分配不公平还体现在各级财政拨款的差异，财政拨款明显向政府部门和非生产部门倾斜。部分财政拨款不足或得不到拨款的单位则开始自寻出路，自筹资金建房，以解决本单位职工的住房问题。一些企业将本来用于生产的流动资金用来建设住房，一些单位将本身资产变卖或变相变卖筹集住房建设资金。一时间社会上各单位各显其能，导致了寻租成风，为腐败提供了温床，严重败坏了社会风气。这是住房分配制度改革没有预料到的一个后果。

4.2.4.6　私搭乱建与城市规划的矛盾

1979年，我国城镇人均居住面积仅为3.6平方米，每个人占有的面积仅为一张双人床大小，这还仅是平均水平，处于平均水平以下的居民的住房问题只能靠自身的努力解决，向街道、向天空要住房成了必然的后果，私搭乱建成为广大市民的无奈选择。但是在相当长的一段时间里，居民无力也不敢通过自建解决住房困难。1976年一场严重地震引发了北方城镇居民开始自建地震棚。在北京市，很多居民将临建的地震棚改造成半永久性的建筑，先是作为自家的厨房，后来便改造为大龄子女的新婚房。一时间,北京大多数的院落中搭起了各色各样的小棚小屋。当院中的所有空地被蚕食殆尽之后,人们开始将自建的空间向胡同、街道延伸。20 世纪 70 年代末至 80 年代初,由于大批知青返城,急需住房结婚生子,城镇住房极度紧张,居民私搭乱建也达到空前的程度。

政府的种种努力并未使城镇居民的住房条件得到有效改善,有限的新建住房在不合理的分配制度下多被前述的各种因素所蚕食。一方面社会民怨甚大,另一方面,在租不养房的情况下,大批新建住房的增加进一步增加了各级房管部门的管理维护成本,各级财政无力负担,管理效果差进一步增大了民怨。在此情况下,福利分配下的公有住房产权制度也到了必须改革的地步。

4.3 城镇住房产权多种所有制的经济绩效与路径依赖

4.3.1 政府推动住房产权改革的成本收益分析

显然,政府在房改中的收益大于成本,通过成本-收益的经济分析,才强制性地推行住房制度改革。

4.3.1.1 住房产权公有制度下的政府成本

传统住房制度给政府带来巨大的经济和社会成本。在房改之初政府所面临的成本可以由传统住房制度的弊端来说明。

第一,在我国传统住房产权公有制度下,政府投资方式给国家财政带来了沉重负担。补贴随着建房增加而越来越多,更是由于住房的无偿分配,国家住房资金只有投入没有产出,无法实现良性循环。同时,国家投资的有去无回以及住房低租金根本无法实现住房的再生产,更不能奢望扩大再生产。缺乏住宅资金的良性循环,巨额住房投资和补贴成为政府成本的一个重要组成。

第二,低租金和福利制加剧了城镇住房供求矛盾。城市住宅再生产资金缺乏,造成部分城市住房短缺,不能满足需要。同时,受历史原因影响,人口剧增加之农村人口流入城市,住房紧缺现象十分严重，住房问题已经成为了一个社会性问题。

第三，传统住房制度公平原则难以完全贯彻。原有住房体制中，住房分配游离于货币分配之外，按照工龄、职务、家庭住房等因素分配，不能完全贯彻按劳分配原则。由于住房的不可分割性，"多劳不一定多分住房，少劳不一定少分住房"，使得完全公平无法实现。另外，某些领导凭借其个人权力多分房、分好房的谋私行为大量存在，这在住房总量有限的情况下，挤占了相当一部分职工的住房。因此，社会公平性受到影响。

4.3.1.2 改革住房产权公有制政府的收益

改革传统住房制度给政府带来的收益主要有如下两点。

第一，摆脱传统住房制度的弊端。在传统住房制度下，国家投资建房导致财政负担沉重并进而影响到对整个国民经济的计划投资和再生产。实现住宅商品化，把住宅建设、分配等问题通过市场竞争实现，引入开发商资金供应，可减轻国家的财政负担。另外，国家将住房分配从政府职能中剥离出来，一定程度上减少了福利分房制度的种种弊端。例如，多元化的市场投资主体增加了住房供应量，弥补了传统住房体制的巨大缺口，又解决了住房引发的一系列的社会问题；住宅分配和货币化联系起来提升了住宅分配的客观标准，有利于社会公平的进一步实现，避免了以往住宅分配中的以权谋私和腐败问题。种种弊端的消除就意味着收益的增进。国家通过住房制度改革消除了旧体制所带来的种种经济、社会问题，提高了其收益水平。

第二，培育新经济增长点，刺激经济增长。经过二十年的快速发展，中国经济体制改革取得了巨大成就，国民经济进入了一个新阶段。最重要的特征就是摆脱了长期以来以短线产品为结构调整目标的短缺经济结构，买方市场基本形成。买方市场条件下的经济发展取决于市场需求而不是供给，市场需求大则推动经济增长，市场需求小则抑制经济增长。

综上所述，由于客观经济、社会条件的变化，传统住房制度所能带来的收益越来越少，相反维护该制度所需的成本越来越多，而另一种可供选择的住房制度——住宅商品化——则能有效地解决传统住房制度所产生的问题，使政府收益和个人收益都得以增进。因此，新住房制度的收益大于原有住房制度的收益，住宅制度由制度均衡趋于制度非均衡。为达到收益最大化，政府作为制度供给者必然选择通过新制度来代替旧制度，实现住房制度变迁，即从福利分房转向货币分房，实现住宅商品化，把城市住宅作为商品纳入市场经济轨道，通过市场机制决定住宅的生产、交换和分配。实践证明，自 1996 年被确立为新经济增长点以来，住宅产业也确实取得了长足发展并带动了整个国民经济增长。

4.3.2　城镇住房产权多种所有制的绩效分析

4.3.2.1　提租补贴制度的绩效分析

在大幅度提高房租的大背景下，不合理的住房需求得到了一定的遏制，但这种遏制只是暂时的，相对于购房住房，提高租金的影响可以忽略不计，该分配的住房还在继续分配，不能分得住房的群体想花租金租房也无房可租，而且，这种提高租金的行为还触动了一部分既得利益者的利益，没有推行就受到了消极的反对，一些地方阳奉阴违地执行着中央的决策，这一现象揭示了房改不可回避的深层次矛盾——收入分配与利益结构的再调整。

尽管提租补贴方案尚未全面推开就夭折了，但这一改革使在中国持续近 30 年的福利住房制度第一次受到实质性的冲击，在人们心目中掀起了一点波澜，为后续的住房制度改革埋下了一颗种子。特别是该项改革方案第一次提出变福利分配住房为与货币补贴相结合，并将住房工资部分逐步纳入职工工资，显然有益于后续政策的出台和开展。个人收入分配制度的改革为住房制度改革打下了名义上的实施基础，为后续公有住房出售和住房商品化提供了资金支持和理由支撑，虽然这种住房补贴性质的工资增加数量很少，甚至不足以抵偿通货膨胀的影响，但如果当时大中型国有企业能够以此为契机，适时调整劳动力成本，变国有企业名义低工资的劣势为综合高报酬的优势，就有可能从此卸下福利住房的包袱，获得轻装上阵、公平竞争的机会。遗憾的是绝大部分的国有企业，特别是一些当时效益很好的国有企业未能适时抓住这一有利的机遇，以致走入负担过重、难以翻身的窘境。

在这一时期改革的指导思想是有计划的商品经济理论，各项政策出台的最终目的是抑制不合理的住房需求，实现"以租养房"。但如前文分析，这一目标的设定触动了既得利益者的利益，看似有效的提租补贴制度，最终只能以实现了补贴，而提租以不了了之而告终。在当时城镇居民收入尚不高的情况下，提租补贴制度名义上不失为一种有效的措施，因而补贴得到广大职工和普通百姓的理解与支持。但是从实施这次改革的手段看，提租本身并没有解决住房供给的数量问题，这种治标不治本的做法仍带有很强的行政管理色彩，在市场经济的大背景下也就失去了存在的意义。

另外，提租补贴方案设计存有一定的缺陷。尽管在提租补贴方案中提出要与财政、税收、工资、物价、金融等方面实行配套改革，但实际操作中却没有得到相关部门的有力支持，一切的政策出台都是在住房建设管理部门的主导下进行的，提租可以由住房建设主管部门独立完成，但补贴问题就无法实现了，这一点在与工资改革匹配中表现得淋漓尽致。在工资改革没有完成的情况下，即现实工资没有反映广大职工的真实收入水平的情况下，贸然进行相应比例的补贴，掌握实权的领导干部获得的既得利益相对减少（因为其得到的实物福利要远远高于补贴的增加额），提租补贴的制度肯定会受到领导干部的激烈反对。在抑制不正当需求的同时，影响了部分干部的正当利益和既得利益，从而难以实现由"暗补"向"明补"的转换。

需要说明的是，在工资改革尚不到位的情况下，可以进行租金改革乃至实行住房分配的货币化，但是在制定改革方案时，必须要对这一现实情况予以充分考虑。如果当初在设计定比补贴方案时，能够设计一个按工资水平分档定比、累计递增的补贴方案，改革的阻力将大大缩小，今天的城镇住房分配体制也许会是另一番景象。

对宏观经济环境的把握不够准确。诸多提价措施几乎同时出台，使得高通胀已不可避免，而这又反过来制约了提租方案的实施。另外，在高通胀的情况下，由于住房造价不断上涨，导致各级财政和企业用于补贴的资金规模越来越大，资金的核定与划转难度很大，阻碍了改革的实行。

在 20 世纪 80 年代中期开始的企业经营管理改革也对住房提租补贴产生了严重的制约。例如在 1984 年开始试行承包经营责任制，到 1987 年在全国推开。在 1989 年多数国营企业都采用了厂长（经理）负责制。这种承包负责制将企业的经营效果和领导的收入密切挂钩，在承包经营时间较短的情况下，一切制度的出台都要以增加短期内企业利润为中心，经营者和决策者只能估计到眼前利益，对于职工住房补贴这种只有投入没有产出的行为当然不会重视，企业的承包者、决策者和经营者自然地站到了制度改革对立面。企业短期逐利的行为也成为了制约提租补贴制度的一个重要阻碍。事实上，20 世纪 80 年代中期应当是国有企业实行住房制度改革的最好时期，但由于房改与企改的不合拍，注定了房改的失利命运。无数的经验教训表明，任何制度的出台都要考虑到方方面面的利益，特别是需要注意配套政策的支持情况。很多政策事实上没有得到实施的主要原因也正是如此。

市场机制发挥作用的前提之一就是产权主体的多元化，由财产权利建立市场运作的微观基础。而住房制度的重要特点是政府和单位处于产权垄断的地位，而这就造成了产权分割的存在。这种形势决定了当时房地产市场是不可能建立的，住房产权不明晰是我国住房制度改革最为重要的阻碍之一。

4.3.2.2　补贴售房制度的绩效分析

由于自 1992 年起房地产市场骤然启动，带动相关建材价格一路攀高，建房成本也相应上涨，各地区出售的公房回收的资金远远不能满足住房建设支出，实际上造成了住房建设的不可持续性，各地方政府财政和企事业单位又一次背负了沉重的财政负担。这一时期的改革方案明确房改的根本目的和基本内容，使城镇住房制度改革开始向深度和广度方向发展。在 1991 年《关于全面推进城镇住房制度改革的意见》所提出的"将现行公房的实物福利分配制度逐步转变为货币工资分配制度"的基础之上，增加为以"按劳分配为主的货币分配方式"，为下一步的房改定下基调。在此基础上，借鉴国外先进经验，在全国城镇范围内设立住房公积金制度成为必然选择，为住房建设提供了新的资金来源，建立政策性保障体系和市场化的保障体系成为我国住房保障制度的必然出路，住房公积金制度的实施提高了城镇居民购房支付能力，进而提高了公房出售价格，也使居民从市场上购买商品房成为可能。

但补贴售房制度也存在着一些漏洞，这项制度的出发点是筹措建房资金，加快解决城镇居民的住房问题，并没有涉及住房的分配，也对新的住房制度没有太大的支撑，在执行时仅仅考虑制度的可行性，忽略了其可能产生的问题，因而在产权、资产处置以及如何进入流通市场等方面遗留下许多悬而未决的问题；在政策设计上，也未能将职工所能获得的购房补贴与其应获得的劳动报酬联系起来。

20世纪80年代初期，以各种方式收走或被占用的住房尚未归还，多数居民对于个人购房置业的观念尚不能接受。当时对于福利制低房租的改革尚未开始，居民每月所需支付的房租远远低于购房款的利息，加之各企事业单位继续进行福利分房，在此背景下，绝大部分城镇居民自然会对购房采取观望态度。在补贴售房中个人负担比例偏低。就当时的售房价格和三者分担比例看，个人负担的比例明显偏低。但是，居民负担比例的提高又受到实际支付能力的制约。在没有住房金融配套改革政策支持的情况下，低价售房势所难免。

进入20世纪80年代后，国家对企业相继实行放权让利、利润承包和利改税等一些改革，使企业的财力与活力有所增强，但是各项资金渠道尚未理顺。实行补贴售房政策，对于企业而言不仅没有减轻资金负担，而且在支出资金的同时失去了相应的固定资产，从而不能据以计提折旧和大修基金，不能冲抵成本，客观上影响了企业今后的住房资金来源。因此，不仅经济效益较差的企业因无力负担而不愿参与，大部分经济效益较好的企业亦态度消极。

由于上述种种问题的存在，补贴售房的试行方案最终归于失败就在所难免了。

4.3.3 住房产权制度改革的实施效果分析

4.3.3.1 改革前后的住房消费能力比较

实行住房产权制度改革后，不同收入阶层家庭的住房消费比重都有所提高。但是由于低收入家庭的职工工资收入较低，得到的住房补贴相对较少，因而住房消费比重上升幅度更大一些，从而有可能进一步增大各收入阶层家庭的收入与消费差距。详见表4-4。

表 4-4　住房产权制度改革对各收入阶层家庭消费结构的影响

	指标	总平均	最低收入户	低收入户	中等偏下户	中等收入户	中等偏上户	高收入户	最高收入户
改革前	住房消费比重/%	3.55	3.09	2.93	3.20	3.16	3.56	3.47	5.04
	食品与住房消费比重/%	49.95	60.2	57.2	54.3	51.2	48.2	45.3	42.3
	消费率/%	81	96	90	86	83	80	77	71
	人均消费余额（元/人）	975	97	328	539	830	1223	1751	2936
改革后	还贷额占家庭可支配收入比重/%	24.1	45.4	35.8	30.0	25.5	21.4	18.1	14.3
	家庭年增住房支出/元	1115	2814	2332	1842	1343	659	-46	-1610
	净增住房支出占可支配收入比重/%	5.3	26.5	17.2	11.4	6.8	2.6	-0.6	-5.1
	住房支出占消费支出比重/%	26.3	36.2	32.3	29.4	26.8	24.3	22.1	19.3
	食品支出比重/%	34.2	36.5	36.7	36.1	35.1	33.8	32.5	30.1
	食品与住房消费比重/%	60.5	72.6	69.1	65.5	61.9	58.1	54.6	49.4
	消费率/%	92	126	111	103	95	88	82	74
	人均消费余额（元/人）	476	-756	435	-122	281	837	1569	3160

可以清楚地看到各收入阶层家庭在住房产权制度改革后消费结构的变化情况。由于高收入家庭的工资基数较高，因而其得到的补贴额也高，人均补贴额远高于收入较低的家庭。如最高收入户的人均补贴额相当于最低收入户的4倍多，低收入户的3倍多，中等收入户的2倍多。住房补贴的政策加大了分配的不均衡，甚至导致了在按相同标准购置住房为前提计算住房支出增加额时，高收入家庭呈现负值，表示其在这方面的支出反而减少了。

4.3.3.2　改革前后的恩格尔系数比较

住房产权制度改革后，由于消费总额有较大幅度的增加，故各收入阶层的食品消费比重都有所下降，其中中低收入家庭的下降幅度明显大于中高收入家庭，使得各收入阶层家庭的差距大大缩小，从最低收入户到最高收入户都集中在30%～40%。需要指出的是，这是以按标准面积购房并按期偿还贷款本息为前提的家庭消费测算值，实际上由于中低收入家庭的可支配收入不可能支持如此高额的消费支出，因此其食品消费比重也不可能降到这样低的水平。

住房产权制度改革前，住房支出在各收入阶层家庭消费支出中所占的比重都比较小；货币化分配后住房支出的比重皆有大幅增长，除最高收入户在20%以下，从高收入户到中等偏下户都在20%～30%，低收入户与最低收入户则超出30%。

由于住房支出比重的增加明显高于食品支出比重的减少，因而各收入阶层家庭的食品与住房支出比重之和都有所增加，中等偏上户以上的增加值小于10个百分点，而中等收入户以下皆高于10个百分点。最低收入户的两项之和已超过70%，从低收入户到中等收入户在60%～70%，中等偏上户与高收入户在50%～60%，只有最高收入户小于50%（参见表4-4）。

消费总额的增加，使得家庭消费性支出与可支配收入的关系发生较大的变化。中等偏下户以下的家庭消费率都超过100%，这类家庭购置经济适用住房后，必将会大大缩减其他消费支出。其余收入阶层也受到了住房消费支出的影响，类似的情况在各个阶层都不同程度地存在，唯一特殊的是最高收入户，在消费总额上升的同时，消费余额也上升了，这是唯一在住房产权制度改革后实际支出下降的收入阶层。如果不在政策上避免这部分家庭购买经济适用住房，会造成新的社会不公平。

4.3.3.3 改革前后的家庭消费结构的比较

通过对各收入阶层家庭的购房首付款能力、还贷支付能力以及还贷对于不同收入家庭消费结构所带来影响的分析发现，低收入户（包含最低收入户和困难户）的储蓄水平与购房首付款金额相差甚远。中等偏下户不具备购买经济适用住房的经济承受能力，如果购买就必须对家庭消费结构作出较大的调整。这一阶层的居民靠节衣缩食来购买经济适用住房显然是不合适的。参见表4-5。

中等收入、中等偏上及高收入户已具备支付能力，施行住房产权制度改革后，其房价收入还正处于3~5倍之间，是该阶段购置经济适用住房的有效需求群体。不过，这三个收入阶层在储蓄水平、消费率、消费结构等方面都有着不小的差距，因此对住房的面积、标准、环境等方面有不同的要求。最高收入户的经济承受能力较高，为这一阶层提供住房是房地产开发商的责任。

实行住房产权制度改革后，职工家庭的住房支出将会大幅度提高，占家庭可支配收入的比例平均增至24.2%，各地区的增幅不等，大致在15%~30%；住房支出占家庭消费性支出的比例平均增至26.3%，各地区大致在15%~40%。由于住房消费比例增大，使得食品消费比重明显下降，全国城镇平均食品支出比重降至35%左右，各地区大致在30%~40%。除个别省市外，各地区的食品与住房消费比重之和大致在60%左右。

住房分配制度的转换，促使住房消费的预算约束逐渐从软趋硬。

4.3.4 城镇住房产权多种所有制度的路径依赖特征

4.3.4.1 单位或团体利益维护了路径依赖

在城镇住房产权私有化制度形成之后，在社会上形成与现存体制内获得优势福利的组织和个人的利益冲突，他们对旧的制度（或路径）有着强烈的偏好，那些拥有数量较多的或者有能力建造更多住房的企业和单位偏好福利分配住房，努力维持和强化旧有的福利住房分配制度。另外，那些低收入群体、经营状况不好的企业和欠发达的地区，也对福利住房分配制度的路径有较强的偏好，造成这一情况的主要原因是个人没有能力到市场上购买住房。

各行业工资水平情况见表4-6。

表4-5 住房产权制度改革地区承受能力情况

地区	商品住房		经济适用住房价格收入比	住房货币化补贴		还贷占比/%		改革后各类消费/%		
	价格收入比	可承受度/%		补贴额/[元/(人·年)]	相当于当时工资的比例/%	占双职工工资收入	占家庭可支配收入	食品支出	住房支出	合计
全国	8.30	0.48	4.98	1584	24.5	29.5	24.2	34.2	26.3	60.5
北京	14.92	0.27	8.95	13634	123.7	29.5	28.5	25.3	42.1	67.4
海南	11.57	0.35	6.94	4169	73.6	29.5	20.8	41.5	27.3	68.8
广东	9.74	0.41	5.85	4476	46.2	29.5	21.0	34.3	25.3	59.6
黑龙江	8.28	0.48	4.97	1186	24.3	29.5	23.5	33.9	26.2	60.1
辽宁	8.15	0.49	4.89	1240	22.2	29.5	24.1	35.8	25.6	61.4
天津	7.77	0.51	4.66	1362	16.5	29.5	24.4	34.5	26.0	60.5
陕西	7.47	0.54	4.48	625	12.1	29.5	24.6	32.8	23.8	56.6
上海	7.33	0.55	4.40	1132	9.9	29.5	26.2	38.0	26.1	64.1
河北	7.12	0.56	4.27	387	6.8	29.5	22.1	32.6	22.3	54.9
福建	7.11	0.56	4.27	507	6.7	29.5	22.5	40.8	22.7	63.5
湖北	6.95	0.58	4.17	232	4.3	29.5	21.4	36.3	21.1	57.4
吉林	6.40	0.63	3.84			28.3	24.5	36.1	23.2	59.3
广西	5.92	0.68	3.55			26.2	17.7	39.5	16.9	56.4
新疆	5.82	0.69	3.49			25.8	21.9	34.0	21.4	55.4
四川	5.71	0.70	3.42			25.3	19.3	40.1	18.4	58.5
江苏	5.71	0.70	3.42			25.3	19.9	38.1	20.2	58.3

表4-5(续)

地区	商品住房		经济适用住房价格收入比	住房货币化补贴		还贷占比/%		改革后各类消费/%		
	价格收入比	可承受度/%		补贴额/[元/(人·年)]	相当于当时工资的比例/%	占双职工工资收入	占家庭可支配收入	食品支出	住房支出	合计
山西	5.69	0.70	3.42			25.2	20.6	34.5	20.3	54.8
山东	5.63	0.71	3.38			25.0	18.9	32.9	19.6	52.5
内蒙古	5.63	0.71	3.38			24.9	20.0	34.5	20.7	55.2
重庆	5.54	0.72	3.33			24.6	16.6	39.5	15.2	54.7
宁夏	5.51	0.73	3.30			24.4	24.1	33.8	22.1	55.9
甘肃	5.39	0.74	3.24			23.9	26.4	37.0	24.3	61.3
云南	5.27	0.76	3.16			23.3	18.9	37.7	18.8	56.5
安徽	5.25	0.76	3.15			23.3	17.6	42.9	18.0	60.9
贵州	5.23	0.76	3.14			23.2	17.8	41.8	18.2	60.0
湖南	5.23	0.76	3.14			23.2	15.1	38.7	15.4	54.1
浙江	5.20	0.77	3.12			23.0	17.4	36.4	17.2	53.6
河南	5.04	0.79	3.02			22.3	17.3	36.9	17.3	54.2
青海	4.81	0.83	2.89			21.3	22.0	38.1	21.1	59.2
江西	4.26	0.94	2.56			18.9	15.1	42.4	16.1	58.5

表4-6 各行业工资水平与全国工资水平比较

年份	1978	1980	1985	1990	1991	1992	1993	1994	1995	1996	1997	1998	1998：1978
农、林、牧、渔业	0.76	0.81	0.76	0.72	0.71	0.67	0.61	0.62	0.64	0.65	0.67	0.61	9.63
采掘业	1.10	1.12	1.15	1.27	1.26	1.18	1.10	1.03	1.05	1.04	1.06	0.97	10.71
制造业	0.97	0.99	0.97	0.97	0.98	0.97	0.99	0.94	0.94	0.91	0.92	0.94	11.83
电力、煤气及水的生产和供应业	1.38	1.36	1.08	1.24	1.25	1.25	1.28	1.36	1.43	1.42	1.49	1.40	12.33
建筑业	1.16	1.12	1.19	1.11	1.13	1.13	1.21	1.08	1.05	1.01	1.03	1.00	10.44
地质勘查业、水利管理业	1.15	1.17	1.22	1.15	1.16	1.19	1.10	1.20	1.08	1.06	1.11	1.06	11.23
交通运输仓储和邮电通信业	1.13	1.09	1.11	1.13	1.15	1.15	1.27	1.25	1.26	1.27	1.33	1.31	14.13
批发零售贸易和餐饮业	0.90	0.91	0.88	0.85	0.85	0.81	0.79	0.78	0.77	0.75	0.75	0.78	10.64
金融、保险业	0.99	0.94	1.01	0.98	0.96	1.04	1.11	1.48	1.34	1.35	1.50	1.42	17.43
房地产业	0.89	0.91	0.90	1.05	1.07	1.15	1.28	1.39	1.33	1.34	1.42	1.38	18.80
社会服务业	0.64	0.62	0.68	1.01	1.04	1.05	1.06	1.11	1.09	1.09	1.17	1.11	21.26
卫生体育和社会福利业	0.93	0.94	0.98	1.03	1.01	1.04	1.01	1.13	1.07	1.09	1.17	1.14	14.82
教育、文化艺术和广播电影电视业	0.89	0.92	1.02	0.99	0.96	1.00	0.97	1.08	0.99	0.99	1.04	1.00	13.71
科学研究和综合服务业	1.09	1.12	1.11	1.12	1.10	1.15	1.16	1.36	1.24	1.30	1.40	1.37	15.31
国家机关、党政机关和社会团体	1.07	1.05	0.98	0.99	0.97	1.02	1.04	1.09	1.00	1.02	1.08	1.04	11.87
其他	—	—	—	—	—	—	1.00	1.15	1.14	1.16	1.06	1.13	—

注：根据中国统计年鉴（1999）计算的行业平均工资与全国平均工资之比，该表的最后一栏为各行业1998年与1978年平均货币工资的比值。

但根据路径依赖原理，传统的住房公有制和平均主义分配方式并未能因此而被彻底清除。在以往获得优越住房保障的部门和企业，基于集团利益和个人利益因素考虑，延续着以往的福利住房分配制度，国有企业内部的住房福利分配现象则更加严重。在此情况下，住房分配制度导致的贫富差距和分配不公也变得更加严重，并导致社会出现了贫富两极分化的趋势。初始制度通常选择会提供强化现存制度的惯性，即计划经济时代的福利住房分配制度会惯性地影响改革开放相当长一段时间内的住房分配制度，这一情况的发生主要是延续了计划经济时代的住房福利分配制度导致的路径依赖现象造成的。住房福利制度使国家支付的高额补贴间接转化为个人的实际收入，刺激了人们多占房、占好房的欲望，助长了以权谋房的不正之风。20世纪90年代初对北京的调查表明，对现行住房制度不满意的居民中有58.8%的人认为"住房分配不合理造成苦乐不均"，有43.4%的人认为"住房分配领域存在着严重的不正之风"。

在以往的改革中为了减少阻力，通常依据凡是存在的就是合理的原则，承认了各种既得利益，在住房制度改革中同样如此。当时的改革方案始终未能摆脱传统配给机制的束缚。方案的实施结果不是通过从个别的不合理到合理的运动，自动达到整体的和平均的一般均衡，而是在追求整体的平衡中，使每个个别持续不合理。事实上房改方案之所以在提租与售房两种方式中多次反复，在某些时候并不取决于哪种方式更好、更规范，而在于如何能够做到在大平衡中使既得利益不被触动，能继续得以维持。

旧的福利性分房体制仍未被完全打破。1998年之前，由于国家一直没有明确停止实物福利分房的要求，在强调新房新政策的同时，多数单位建设或购买的住房仍然通过实物分配的渠道进入到了旧体系。即使是按照成本价进行分配，也是远远低于正常成本价的打折成本价，实际上是将原来低租金变相地变成了低房价而已，仍然没有脱离原福利分配的格局。而且在这种情况下，国家和单位用于住房的暗贴，随住宅建设的加快而日益扩大，进一步造成了分配环节的不公平。

另外，社会上还存在着一种平均主义观念，而这种平均主义观念对原有的住房公有制度起到一种维护和加强的作用。改革开放以来的城镇住房产权制度和分配制度的变迁，使城镇社会各阶层、群体和个体之间的住房保障水平出现了越来越大的差异，但传统文化、计划经济福利保障习惯等非正式制度的影响，形成了我国收入分配制度变迁路径依赖的重要因素。从城镇住房产权制度改革的实际进度来看，改革只是不同利益群体博弈后的妥协和优化选择。城镇住房产权制度改革成功与否取决于不同利益群体对各自收益的预期与不同阶层各种社会利益关系的协调和均衡程度。

这样，在分配关系尚未理顺，资金控制不严的情况下，就诱发了各种各样的寻租行为，包括部分领导干部的寻租，住房主管人员的寻租，乃至政府机关与事业单位的集体寻租。于是就出现了在每一改革阶段临近到期之前的两极分化现象，即部分单位突击购房分房，将住房标准一再提高；与此同时，部分单位却因缺乏资金，住房标准远未到位。由于未能在改革之初将分配关系理顺，致使既得利益的群体越来越大，作为既得利益的住房数量也越滚越大。因此，建立一个自上而下的利益约束机制成为城镇住房产权制度改革的必然选择，1998 年国家进行的住房分配制度改革也印证了这一个路径依赖规律。

4.3.4.2　均等化社会状态强化了路径依赖

中国在 1949 年到 1978 年间一直处于住房均等化程度很高的社会状态。研究表明，中国直到改革开放之初，收入分配的基尼系数一直处于世界较低水平。城镇的基尼系数在 0.2 以下，农村的基尼系数在 0.21 至 0.24 之间。虽然社会的整体福利水平较低，但比较平均。这种公平分配导致了过分强调公平而忽视住房生产效率，导致住房生产中缺乏必要的激励机制，造成了生产上的低效率。

改革开放初期，在效率优先、兼顾公平原则的指导下，我国逐步确立了城镇住房产权私有化制度，克服了住房分配平均主义，加强激励机制以提高住房建设效率。但公有住房和商品房共同存在却成为那个年代最为顽固的制度问题，公有住房租金与公有住房售价差逐步拉大，公有住房售价与商品房售价差逐步拉大，双轨制的市场导致了居民对商品房的无力承担甚至误解，城镇居民商品住房的意识远远没有建立，在有能力购买商品房的情况下，为了能获得公房的分配权，也有意地避免到市场中购买商品房，解决住房的路径还是等待公房分配，甚至在建立了住房公积金的情况下，也有很多人仍然等待单位分房。

4.3.4.3　不完全住房产权支持了路径依赖

住房市场的发育还受到传统分配体制下住房产权状况的制约。传统住房分配体制下的住房产权处于残缺或分割状态。对国家来说，由于住房建设投资中既有国家投入的部分，也有对职工工资扣除的部分，因而并不拥有终极意义上的住房产权。对职工来说也是这样。

公有住房实际上是一个共有产权的实际形态，国家和地方政府、企事业单位名义上拥有住房的全部产权，但职工拥有的占有、使用、收益等权利已经取代了公房的产权地位，国家和地方政府、企事业单位极少也不可能将职工的住房权剥夺，只有在提供了更为优厚的住房的条件下，才能收回该住房的各项权利。这种没有回报而只是付出的公有产权对于除了职工外的任何一个权利主体都没有吸引力，更别提使其主动去建造和维护这些住房了，我国20年间公有住房长期保障不足的原因也正是如此。如何分配、按什么标准分配这个实质问题没有解决好，导致了改革方案的反复与改革政策的多变。加之改革过程中宏观环境的变化，以及各项改革之间协调不够，相关改革没有到位，致使在某些时候形成房改部门孤军奋战，最后不得不后退半步的局面。

◤◢◤ 4.4　小结

在1979—1998年的20年间，中国城镇住房产权制度改革同我国经济体制改革可以说是同步进行的，是经济体制改革的重要组成部分。我国各地方发展水平差异、思想认识程度以及归根结底的利益分配问题，导致了城镇住房产权制度改革陷入了困境。在政府层面，由于政府投入与产出差异巨大而缺乏可持续投入的积极性；在企事业单位层面，由于企业承包等原因使企业的负责人或决策者无法从住房投入中获利而对此缺乏重视；在个人层面，面向的是福利分配住房以及商品房两个途径，由于利益关系，等待福利分配成为个人的必然选择。在这三个因素的共同作用下，多元分配下城镇住房产权多种所有制度走到了尽头。摆在中央决策者面前的只有两条路，或者回归计划经济的福利分配住房路径，或者义无反顾地破除群众心中住房福利分配的幻想，全面实行住房产权私有化。我国政府选择了后者，由此，也拉开了我国住房制度改革的新篇章，为我国住房制度和产权制度开启了新的解决路径。

5　市场主导下城镇住房产权
私有制度（1999—2012）

中国住房改革发展为中国经济社会发展起到了积极的推动作用，这离不开邓小平同志住房制度改革的正确思想的指导，同时也迈开了我国住房制度改革全面推进的步伐，1998年我国停止了住房实物分配，逐步实行住房分配货币化。从此，我国开始进入住房产权私有化为主体的住房制度阶段。

5.1　市场主导下城镇住房产权私有制度确立

5.1.1　全面打破住房福利分配制度

1998年6月，国家召开加快住宅建设和深化住房制度改革工作会议，全面讨论了深化房改和加快住房建设的问题，突破性地提出了要结束住房实物福利分配的制度。部分学者将这次会议用"重点突破、全面推进"来概括，其中，"重点突破"是指住房实物福利分配制度的打破，而进行住房货币化分配；"全面推进"则强调了要对我国住房分配、供应、市场、金融、中介、物业和政府调控等七大体系作出新的整体安排。

1998年7月，国务院《进一步深化城镇住房制度改革加快住房建设的通知》是我国新的住房产权制度和分配制度建立的里程碑①。

---

①《通知》提出："停止住房实物分配，逐步实行住房分配货币化；建立与完善以经济适用住房为主的多层次住房供应体系；发展金融，培育和规范住房交易市场。……加快推进住房制度改革，让市场成为提供城镇住房的主要渠道，在城镇住房配置中发挥基础性作用，并不意味着完全排斥政府对住房的福利保障作用。"

明确了以住房货币化为我国住房改革中心内容的房改新方向，这个文件对从根本上破除公房低租金、住房实物福利分配的旧制度起到了巨大作用，给我国房改带来突破性进展。由此，我国福利分房的传统体制彻底结束，经济适用房和廉租房制度开始确立。1998 年以后，住房分配货币化开始实施①，关注不同收入家庭住房问题，实行不同的住房供给政策成为这一时期住房保障制度的重要手段。

1999 年，京内国家机关和北京市住房分配货币化方案的出台标志了我国住房实物福利分配体制的结束。与住房货币化分配相适应，工资制度也进行了调整，实行了新的住房消费计入工资的做法。这种实物分配方式的结束，对于城镇居民的生活、消费和财产拥有方式都产生了深远的影响。1998 年，我国城镇建设住房 4.76 亿平方米，到了 1999 年，就突破 5 亿平方米。房改开始的两年中，住宅建设对国民经济的发展贡献达到了 1.5 至 2 个百分点②。

住房制度改革的中心环节是住房分配货币化，紧紧围绕这个中心环节才能促进城镇住房新制度的建立和完善。这种住房分配制度的改革，彻底阻断了旧体制产生的基础，带动了与住房相关的供应、金融和中介服务等行业的全面发展，使得我国房改实现了战略性的改革重点转移，进入了全面建立城镇住房新体制的新阶段。同时，在公房出售中，居民的住房自有率也大幅提高，形成了新的城镇住房产权结构模式，即以个人产权为主体，这为我国住房存量市场的继续发展奠定了良好的基础，由此国内大部分城市的住房二级市场放开了，住房市场体系步入了加速发展的轨道。此时，市场机制在资源配置中的作用越发明显，我国城镇住房建设的运行机制也发生了根本变化。

---

① 此前的 1987 年和 1988 年，内地已经有城市率先试点，实行住房拆迁货币化和住房分配货币化。到了 1988 年，国务院 11 号文件也提出了住房分配要实现货币化，但房改多年并未执行，新建住房不断进入旧的分配体制，单位买房然后无偿分房的体制仍然延续。当时，国务院负责房改的工作人员认为只有取消住房实物分配，才会使城镇居民住房消费方式、消费行为发生根本性变化，不再依赖单位分房、建房，不再以低廉的租金居住公房；并且决定对房价收入比超过 4 倍的城市予以住房补贴，给老职工实行一次性补贴，而新职工的补贴则纳入个人的工资。

② 中国房地产及住宅研究会秘书处.克服困难开拓前进的中国房改[J].住宅与房地产，2000（A12）：30-31.

5.1.2　出台鼓励政策应对金融危机

1997 年爆发了东南亚金融危机，对于中国房地产业的投资和需求发展产生了明显的抑制作用，尤其是需求的大幅度下降，更加剧了供大于求的现象，使得房地产企业严重亏损。

此时的房地产宏观调控的主要目标是支持房地产市场的复苏，在财政、金融、土地、税收等方面制定了针对性的措施，主要包括：① 中央政府鼓励各地建造低价住房，满足大量中低收入群体的住房需求；② 积极支持住房公积金和商业银行个人住房贷款，降低首付比例，降低贷款利息，延长还款年限等；③ 减免空置商品住房的营业税，二手房交易只需要缴纳差值部分，甚至在个别地区购买商品房还可以抵扣所得税；④ 各地政府的房屋主管部门，实施降低房屋交易费政策；⑤ 让存量住房进入市场，推动增量市场发展；等等。

5.2　以房价调控为主要目标的宏观调控政策

5.2.1　调控政策回顾

5.2.1.1　国务院出台的宏观调控政策

针对房地产过热，房价飞涨现象，国务院办公厅于 2005 年 3 月出台了《关于切实稳定住宅价格的通知》(简称"国八条")，与随后《国务院办公厅关于进一步做好房地产市场调控工作有关问题的通知》并称为"新老国八条"，开始了长达一年的楼市宏观调控。

两个"国八条"的核心是稳定房价。"国八条"出台的原因，一方面是房地产投资增速过快，一方面是部分城市房价上涨过快，经过慎重考虑，这次调控综合采用了限制土地供给和信贷数量两项措施，目的是降低房地产投资增长速度和房价上涨速度。现在反思，"国八条"政策的出台只是对过热的房地产市场起到了降温的作用，但并没有真正改变房地产业总体过快的发展趋势。

稳定房价是 2005 年房地产政策的主线，在"国八条"出台半年后，全国房价总体涨幅回落的迹象非常明显。根据国家统计局在 2005 年年底抽样调查数据，70 个大中城市新建商品住宅的销售价格同比涨幅从 2005 年年初的 12% 左右，回落至 2005 年 9 月份的 6.2%，上海、杭州、温州等长江三角洲城市的房价出现了比较明显的回落，总体来看，稳定房价的政策已经收到了初步的成效。

针对没有根本解决的三个问题，即住房结构、房价涨幅以及市场秩序问题，2006 年 5 月 17 日，国务院总理温家宝主持召开国务院常务会议，提出了促进房地产业健康发展的"国六条"。此次出台的政策将调控的重点放在了中央和地方政府上，要求国土、建设、金融、税收等多个部委积极行动，拿出针对房地产过热的应对措施。2006 年 5 月 29 日，国土、金融、税收、建设等九部委联合发布《关于调整住房供应结构稳定住房价格的意见》。5 月 31 日，国务院办公厅转发了建设部等九部委《关于调整住房供应结构稳定住房价格的意见》。

"国六条"的实施细则中对于调整住房结构有大量的量化指标，例如：强调重点发展满足当地居民自住需求的中低价位、中小套型普通商品住房，并把该原则落实在政府编制住房建设规划中，这些明确的数量性的指标对房地产开发起到了重要的指导作用①。在税收政策、信贷政策上同样强调住房结构的调整②。

2007 年，以稳定房价为诉求的房地产调控进一步深化。土地、信贷、税收等为房地产市场降温的各项调控新政密集推出，从土地管理、规范市场秩序、抑制投机（尤其抑制外商投资房地产）、调整住房结构等多方面全面出击。房地产市场出现了一些积极变化，开发投资实现平稳增长，住宅开发结构得到一定改善。但是房价调控效果并没立即显现出来，反而出现边调控边上涨的现象。2007 年 8 月 13 日，为切实加大解决城市低收入家庭住房困难工作力度，界定政府和

---

① 自 2006 年 6 月 1 日起，凡新审批、新开工的商品住房建设，套型建筑面积 90 平方米以下住房（含经济适用住房）面积所占比重，必须达到开发建设总面积的 70% 以上；对过去已审批但未取得施工许可证的项目凡不符合上述要求的，应根据要求进行套型调整。

② 从 2006 年 6 月 1 日起，对购买住房不足 5 年转手交易的，销售时按其取得的售房收入全额征收营业税；个人购买普通住房超过 5 年（含 5 年）转手交易的，销售时按其售房收入减去购买房屋的价款后的差额征收营业税。

市场的边界，将住房保障与市场分离，以更稳妥和积极的新思路调控房地产市场，国务院颁布了《关于解决城市低收入家庭住房困难的若干意见》，该政策的颁布标志我国房地产调控思路的转变，意味着自2003年调控以来，政府保障房惠及的人群范围进一步缩小，政府将更多的人的住房问题抛给了市场。

2009年12月14日，为遏制部分城市房价过快上涨，中央政府决定不再延长2008年年底出台的二手房营业税减免优惠政策，将个人住房转让营业税免征时限由2年恢复至5年，遏制炒房现象。随后提出了"增加普通商品住房的有效供给；继续支持居民自住和改善型住房消费，抑制投资投机性购房；加强市场监管；继续大规模推进保障性安居工程建设"四条具体措施(简称"国四条")，以完善促进房地产市场健康发展为目标

2010年4月27日，国务院发布了《国务院关于坚决遏制部分城市房价过快上涨的通知》(简称"国十条")，被称为"史上最严厉的调控政策"。"国十条"提出坚决抑制不合理住房需求，要严格限制各种名目的炒房和投机性购房。商品住房价格过高、上涨过快、供应紧张的地区，商业银行可根据风险状况，暂停发放购买第三套及以上住房贷款；对不能提供1年以上当地纳税证明或社会保险缴纳证明的非本地居民暂停发放购买住房贷款。地方人民政府可根据实际情况，采取临时性措施，在一定时期内限定购房套数。

2011年1月26日，国务院办公厅下发了《关于进一步做好房地产市场调控工作有关问题的通知》，也就是新"国八条"。新"国八条"提出应落实住房保障和稳定房价工作的约谈问责机制，国务院有关部门要加强对城市人民政府住房保障和稳定房价工作的监督和检查。对于新建住房价格出现过快上涨势头、土地出让中连续出现楼面地价超过同类地块历史最高价，以及保障性安居工程建设进度缓慢、租售管理和后期使用监管不力的，住房城乡建设部、国土资源部、监察部要会同有关部门，约谈省级及有关城市人民政府负责人。同时，地方政府要切实承担起促进房地产市场平稳健康发展的责任，严格执行《国务院关于坚决遏制部分城市房价过快上涨的通知》及其相关配套政策，切实将房价控制在合理水平。

2012 年 1 月 31 日，国务院常务会议中指出要继续严格执行并逐步完善抑制投机投资性需求的政策措施，促进房价合理回归，采取有效措施增加普通商品房供给。

5.2.1.2　金融方面的主要政策和措施

在 2003 年，国家金融主管部门经过实地调研，发现并分析了房地产市场固定资产投资增长过快、房地产价格过高、已建成的商品房空置率过高等问题，认为我国部分地区房地产投资出现了过快的增长，房地产价格提高过快，总体呈现了市场过热的情况。为了防范房地产金融风险，央行及时进行了房地产信贷检查，2003 年 6 月 5 日，央行出台《关于进一步加强房地产信贷业务管理的通知》（银发〔2003〕121 号）（即 121 号文件）①。2004 年 2 月，央行又出台了《商业银行房地产贷款风险管理指引（征求意见稿）》，使"121"文件具备了一定程度上的可操作性。这是央行对我国房地产业率先作出的判断和调控。

在金融方面，央行等有关部门也出台了许多重要政策。

2004 年 4 月 25 日起，央行提高存款准备金率 0.5 个百分点。

2004 年 4 月 27 日，国务院下发通知，将房地产开发固定资产投资项目（不包含经济适用住房）自有资金比例从 20% 提高到 35% 以上。

2004 年 6 月，银监会发布了《商业银行房地产贷款风险管理指引》②。

2004 年 10 月 18 日，银监会发布《信托投资公司房地产信托业务管理暂行办法》，从房地产信托业务经营、证券机构开展相关业务规则、主管部门监督管理内容、风险控制及处罚等方面对房地产信托

---

①《通知》主要内容为：房地产开发企业申请银行贷款，其自有资金应不低于开发项目总投资的 30%；对土地储备机构发放的贷款为抵押贷款，贷款额度不得超过所收购土地评估价值的 70%，贷款期限最长不得超过 2 年；对于个人房贷，商业银行只能对购买主体结构已封顶住房的个人发放个人住房贷款；购买第二套以上（含第二套）住房的，应当提高首付款比例，并不再执行个人住房贷款利率，而按央行公布的同期档次贷款利率执行。

② 一是为商业银行办理房地产贷款业务制定了一个业务管理流程，二是确定一个控制房地产贷款业务风险的具体指标，即个人所有住房贷款的比例不超过 80%，借款人住房贷款的月房产支出与收入比控制在 50% 以下（含 50%），月所有债务支出与收入比控制在 55% 以下（含 55%），房地产开发公司的自有资金比例不得低于 35%。

业务作了较为详尽的规定。

2004 年 10 月 29 日,中央银行上调了金融机构存贷款基准利率,放宽人民币贷款利率浮动区间,摆脱了人民币存贷款利率一直下调的趋势,人民币存款利率上升至 2.25%,一年期贷款基准利率上升至 5.58%;中长期存款利率上调幅度大于短期。

2005 年 3 月 16 日,中国人民银行根据房地产市场资金供给和需求情况,调整了商业银行自营性个人住房贷款政策①,给予商业银行更大的自由操作空间。

2006 年 1 月 13 日,发布《关于规范与银行信贷业务相关的房地产抵押估价管理有关问题的通知》。

2006 年 4 月 28 日,贷款利率再次上调,金融机构一年期贷款基准利率上调 0.27 个百分点,由 5.58% 提高到 5.85%,其他各档次贷款利率也相应调整,而金融机构存款利率不变,个人住房公积金贷款利率也随之上调 0.18 个百分点。

2006 年 6 月 1 日,《国务院办公厅转发建设部等部门关于调整住房供应结构稳定住房价格意见的通知》中明确规定,从 2006 年 6 月 1 日起,有区别地提高住房贷款最低首付款比例②。

2007 年 9 月,中国人民银行和银监会发布《关于加强商业性房地产信贷管理的通知》,对商业性房地产信贷政策进行了调整,规定申请购买第二套(含)以上住房的,贷款首付款比例不得低于 40%。

截至 2007 年 12 月 21 日,中国人民银行连续六次上调利率,使得金融政策在 2007 年房地产调控政策中尤为凸显。

---

① 此次中国人民银行将住房贷款优惠利率回归到同期贷款利率水平,下限利率水平为相应限期档次贷款基准利率的 0.9 倍,商业银行法人可根据具体情况自主确定利率水平和内部定价规则,以 5 年期以上个人住房贷款为例,其利率下限为贷款基准利率 6.12% 的 0.9 倍(即 5.51%),比银行优惠利率 5.31% 高 0.20 个百分点;对住房价格上涨过快的城市或地区,个人住房贷款最低首付款比例可由 20% 提高到 30%,同时个人住房公积金贷款利率上调 0.18 个百分点,其中,5 年(含)以下贷款由利率 3.78% 调整为 3.96%,5 年以上贷款由年利率 4.23% 调整为 4.41%。

② 此次政策调整的主要内容:一是从 2006 年 6 月 1 日起,商业银行(含农村合作银行、城乡信用社,下同)发放的住房贷款(不包括住房公积金贷款)首付款比例不得低于 30%;二是对购买套型建筑面积 90 平方米以下而且是自住房的住房贷款最低首付款比例仍执行 20% 的规定。央行同时强调,实施购买 90 平方米以下住房首付款 20% 的比例,必须坚持"以自住房为主"的原则,要防止利用银行贷款购买多套住房的行为。

2008 年 2 月 4 日，中国人民银行公布《经济适用住房开发贷款管理办法》。

2008 年 4 月 16 日，中国人民银行决定从 2008 年 4 月 25 日起，上调存款类金融机构人民币存款准备金率 0.5 个百分点，总计达到 16%。

2008 年 9 月 16 日和 10 月 8 日，中国人民银行先后两次下调贷款基准利率和住房公积金贷款利率，紧缩性政策开始放松。

2008 年 10 月 15 日和 10 月 9 日分别下调人民币存款准备金率和一年期贷款基准利率 0.5 和 0.27 个百分点。

2008 年 10 月 22 日，财政部、国家税务总局、中国人民银行出台政策，降低存贷款金融利率，减免税费，降低房贷首付。

2008 年 10 月 27 日起，中国人民银行将商业性个人住房贷款利率的下限扩大为贷款基准利率的 0.7 倍；最低首付款比例调整为 20%。

2008 年央行百日内连续 5 次降息，明显降低了房地产企业的财务成本，特别是对于部分负债较高的房企，有助于减轻购房者负担，间接提高市场购买力。同时存款准备金率的下调，使银行可支配资金更多，使得企业贷款更加容易。

2009 年 1 月 3 日，四大国有银行宣布，只要 2008 年 10 月 27 日前执行基准利率 0.85 倍优惠、无不良信用记录的优质客户，原则上都可以申请七折优惠利率。2 月 10 日，继中国农业银行出台房贷细则后，中国工商银行开始执行购房者可享受住房贷款七折的优惠利率，随后不久，其他银行的优惠政策细则相继出台，为楼市回暖蓄积了政策基础。

2009 年 6 月 19 日，银监会发布了《关于进一步加强按揭贷款风险管理的通知》，针对部分地区房地产市场出现较大波动，房地产信贷尤其是按揭贷款业务中诸如"假按揭""假首付""假房价""二套房贷"标准放宽等所暴露的问题，要求加强信贷管理，切实防范按揭贷款风险，促进按揭贷款业务健康有序发展。坚持重点支持借款人购买首套自住住房的贷款需求，严格遵守第二套房贷的有关政策不动摇。

2009 年 10 月 16 日，住房城乡建设部等七部委联合发布《关于利用住房公积金贷款支持保障性住房建设试点工作的实施意见》，提出在优先保证职工提取和个人住房贷款、留足备付准备金的前提下，可将 50% 以内的住房公积金结余资金贷款支持保障性住房建设，贷款利率按照五年期以上个人住房公积金贷款利率上浮 10% 执行。"公积金"和"保障房"实现"对接"。

2009 年 12 月 17 日，财政部、国土资源部、央行、监察部等五部委公布《关于进一步加强土地出让收支管理的通知》(财综〔2009〕74号)，将开发商拿地首付款比例提高到五成，且分期缴纳全部价款的期限原则上不超过一年。

2010 年 1 月 10 日，国务院出台"国十一条"，严格二套房贷款管理，首付不得低于 40%。

2010 年 4 月 2 日，财政部下发通知称，对两个或两个以上个人共同购买 90 平方米及以下普通住房，其中一人或多人已有购房记录的，该套房产的共同购买人均不适用首次购买普通住房的契税优惠政策。

2010 年 4 月 15 日，国务院出台具体措施，要求对贷款购买第二套住房的家庭，贷款首付款不得低于 50%，贷款利率不得低于基准利率的 1.1 倍。对购买首套住房且套型建筑面积在 90 平方米以上的家庭，贷款首付款比例不得低于 30%

2010 年 6 月 4 日，住房城乡建设部、中国人民银行、中国银行业监督管理委员会发出通知，对商业性个人住房贷款中第二套住房认定标准进行了规范。

2011 年 1 月 14 日，中国人民银行决定，从 2011 年 1 月 20 日起，上调存款类金融机构人民币存款准备金率 0.5 个百分点。

2011 年 2 月 8 日，中国人民银行决定，自 2011 年 2 月 9 日起上调金融机构人民币存贷款基准利率 0.25 个百分点。

2011 年 2 月 9 日，住房城乡建设部发布《关于调整住房公积金存款利率的通知》，要求从 2011 年 2 月 9 日起，上调个人住房公积金贷款利率。五年期以上个人住房公积金贷款利率上调 0.20 个百分点。五年期以下(含五年)个人住房公积金贷款利率上调 0.25 个百点。

2011 年 2 月 18 日，中国人民银行宣布，于 24 日起上调存款类金融机构人民币存款准备金率 0.5 个百分点。

2011 年 3 月 16 日，国家发展改革委印发《关于降低部分建设项目收费标准规范收费行为等有关问题的通知》。

2011 年 3 月 25 日起，中国人民银行宣布上调存款类金融机构人民币存款准备金率 0.5 个百分点。

2011 年 4 月 6 日起，中国人民银行宣布上调金融机构人民币存贷款基准利率。金融机构一年期存贷款基准利率分别上调 0.25 个百分点。调整后，一年期存款利率达到 3.25%，一年期贷款利率达到 6.31%。

2011 年 4 月 17 日，中国人民银行宣布，从 21 日起，上调存款类金融机构人民币存款准备金率 0.5 个百分点。

2012 年 2 月 2 日，中国人民银行金融市场工作座谈会提出，继续落实差别化住房信贷政策，加大对保障性安居工程和普通商品住房建设的支持力度，满足首次购房家庭的贷款需求。

2012 年 2 月 6 日，财政部《关于切实做好 2012 年保障性安居工程财政资金安排等相关工作的通知》要求拓宽资金来源渠道，创新财政支持方式，引导社会资金投资保障性安居工程；落实税费优惠政策，努力降低保障性安居工程成本。

2012 年 6 月 7 日，中国人民银行宣布，下调金融机构人民币存贷款基准利率。金融机构一年期存款基准利率下调 0.25 个百分点（十万元一年定期存款利息是 3250 元，减少了 250 元）；一年期贷款基准利率下调 0.25 个百分点；其他各档次存贷款基准利率及个人住房公积金存贷款利率相应调整。

5.2.1.3　土地方面的主要政策和措施

由于房地产市场的局部过热所引起的房地产投资增长过快、土地开发过量等问题，也促使国土资源部进行了新的部署，并采取了相应的措施。

2002 年国土资源部发布 11 号令《招标拍卖挂牌出让国有土地使

用权规定》①,在随后的 2003 年和 2004 年,中央出台了一系列土地及与之配套的宏观调控政策和措施,政策出台之紧密,措施调控之严厉,对房地产及住宅市场产生了深刻影响。2003 年 2 月 8 日,国土资源部发布《关于清理各类园区用地、加强土地供应调控的紧急通知》,其中第四条规定:严格控制土地供应总量,特别是住宅和写字楼用地的供应量,优化土地供应布局和结构,防止楼市动荡带来风险。停止别墅类用地供应。2003 年 3 月 7 日国土资源部发布《关于印发〈全国土地开发整理规划〉的通知》,2003 年 4 月 16 日发布《国家投资土地开发整理项目实施管理暂行办法》,2003 年 5 月 15 日发布《关于进一步治理整顿土地市场秩序情况的通报》,2003 年 8 月 1日发布《协议出让国有土地使用权规定》,2003 年 10 月 13 日发布《关于进一步治理整顿土地市场秩序中自查自纠若干问题的处理意见》,2003 年 10 月 14 日发布《土地开发整理若干意见》。

2004 年 3 月 30 日,国土资源部、监察部联合下发了《关于继续开展经营性土地使用权招标拍卖挂牌出让情况执法监察工作的通知》,要求各地在 2004 年 8 月 31 日前将历史遗留的土地出让问题处理完毕,如果还存在有争议的土地使用权,国家土地管理部门有权收回土地;并又一次重点强调了商业、旅游、娱乐和商品住宅等经营性用地供应必须严格按规定采用招标、拍卖或挂牌方式。

2004 年 4 月 29 日,国务院办公厅发布《关于深入开展土地市场治理整顿严格土地管理的紧急通知》,明令在半年内暂停农村集体土地的审批业务②,这是 1997 年实施冻结土地审批后又一次采取如此严厉的措施。

2006 年 6 月 1 日,国土资源部下发《关于当前进一步从严土地管理的紧急通知》,要求坚决停止别墅类房地产开发项目土地供应的规定,从下发之日起,一律停止其供地和办理相关用地手续,进行全面清理。

---

①《规定》明确要求"商业、旅游、娱乐和商品住宅等各类经营性用地,必须以招标、拍卖或者挂牌方式出让。前款规定以外用途的土地的供地计划公布后,同一宗地有两个以上意向用地者的,也应当采用招标、拍卖或者挂牌方式出让"。

② 暂停审批的内容包括:暂停农用地专用审批;暂停涉及基本农田保护区调整的各类规划修改;暂停新批的县改市(区)和乡改镇的土地利用总体规划的修改。

2007年10月,国土资源部发布《招标拍卖挂牌出让国有土地使用权规定》,规定受让人依照出让合同约定,付清全部出让金后,才能领取国有建设用地使用权证书。

2008年5月30日,监察部、人力资源和社会保障部、国土资源部联合下发《违反土地管理规定行为处分办法》,具体政策是商品住宅开发不得超过3年;土地管理不作为将受严惩等。

2008年7月14日,面对全国各地愈演愈烈的小产权房,国土资源部出台文件,开展集体建设用地流转试点和集体建设用地整理,必须首先完成宅基地使用权登记发证,因被小产权房占用而未得到"合法使用"的宅基地不具备登记发证的资格。

2009年2月4日,国土资源部发布《国务院第二次全国土地调查领导小组办公室关于建立第二次全国土地调查工作动态通报制度的通知》,明确将落实最严格的耕地保护制度和节约用地制度,对违反国家产业政策、供地政策或用地标准,搭车用地、借机圈地、侵害农民权益等问题和政策执行不到位的地区进行重点督察,做好重大典型案件查处曝光。

2009年5月11日,国土资源部发布《国土资源部关于调整工业用地出让最低价标准实施政策的通知》(国土资发〔2009〕56号),针对经济形势和土地市场运行变化情况,充分发挥地价政策在宏观调控中的作用,对《全国工业用地出让最低价标准》实施政策进行适当调整。

2009年5月13日,国土资源部发布《国土资源部关于切实落实保障性安居工程用地的通知》,要求各级国土资源管理部门从保增长、保民生、保稳定的高度出发,认识保障性安居工程的重要性,重点抓好城市廉租住房和林区、垦区、矿区棚户区改造,以及农村危房改造、游牧民定居建设用地的供应管理工作,确保保障性安居工程的顺利落地;加快编制和修编2010—2011年和2009年保障性住房用地供应计划,统筹协调及时调整土地供应结构,扩大民生用地的比例,确保保障性住房用地的需求。

2010年1月21日,国土资源部发布《国土资源部关于改进报国务院批准城市建设用地申报与实施工作的通知》。《通知》提出,申报住宅用地的，经济适用住房、廉租住房和中低价位、中小套型普通商品住房用地占住宅用地的比例不得低于70%。

2010年3月10日，国土资源部再次出台了"19条"土地调控新政，即《关于加强房地产用地供应和监管有关问题的通知》，该通知明确规定了开发商竞买保证金最少两成、1月内付清地价50%、囤地开发商将被"冻结"等内容。

2010年3月22日，国土资源部会议提出"在今年住房和保障性住房用地供应计划没有编制公布前，各地不得出让住房用地；将在房价上涨过快的城市开展土地出让招拍挂制度完善试点；各地要明确并适当增加土地供应总量"。

2010年4月15日，国土资源部公布2010年住房供地计划，计划供应住房用地总量同比增长逾130%，其中中小套型商品房占四成多，超过2009年全国实际住房用地总量。

2011年5月12日，国土资源部印发《关于坚持和完善土地招标拍卖挂牌出让制度的意见》。该《意见》指出应正确把握土地招拍挂出让政策的调控作用，完善住房用地招拍挂计划公示制度，调整完善土地招拍挂出让政策。限定房价或地价，以挂牌或拍卖方式出让政策性住房用地；限定配建保障性住房建设面积，以挂牌或拍卖方式出让商品住房用地；对土地开发利用条件和出让地价进行综合评定，以招标方式确定土地使用权人。同时大力推进土地使用权出让网上运行，出让国有建设用地使用权涉及的出让公告、出让文件、竞买人资格、成交结果等，都应在部门网站和各地国土资源主管部门的网上公开发布。

2011年5月30日，国土资源部向各省国土部门下发《关于严格落实异常交易地块上报制度有关问题的函》，要求各县级国土部门对2011年以来的成交地块进行清理，对漏报的地块应在6月30日前补充上报。

2011年12月22日，国土资源部公布了《闲置土地处置办法》修订草案，为打击囤地，规定土地闲置2年可无偿收回。

2012年2月15日，国土资源部发布《关于做好2012年房地产用地管理和调控重点工作的通知》。公布2012年住房用地供应计划。

计划总量原则上应不低于过去 5 年年均实际供应量，其中保障性住房、棚户区改造住房和中小套型普通商品住房用地不低于总量的70%，确保保障性安居工程住房用地。

2012 年 5 月 14 日，国土资源部提出对房价上涨过快地区进行督察指导。2012 年全国住房用地计划供应 17.26 万公顷，是前 5 年年均实际供应量（8.73 万公顷）的近 2 倍。其中，保障性安居工程用地和中小套型商品住房用地计划占 79.3%。

5.2.1.4　税收方面的主要政策和措施

2005 年 5 月 18 日，国家税务总局、财政部、建设部联合下发《关于加强房地产税收管理的通知》，调整个人转让住房的税收政策①。

2006 年 5 月 31 日，发布《国家税务总局关于加强住房营业税征收管理有关问题的通知》②，重点打击短期的炒房行为。

2007 年 2 月，国家税务总局发布《关于房地产开发企业土地增值税清算管理有关问题的通知》，明确房地产开发企业土地增值税将实行清算方式缴纳。

2007 年 10 月，国家税务总局和财政部批准了安徽、河南、福建和天津四省市进行物业税的试点运行，从原先的北京、辽宁、江苏、深圳、宁夏和重庆 6 个试点省市扩大为 10 个省市，标志着国家对尽快开征物业税的一种预期。

2008 年 4 月 16 日，国家税务总局发布《关于房地产开发企业所得税预缴问题的通知》，对房地产开发企业所得税预缴问题作出了明确规定。

2008 年 10 月 22 日，财政部、国家税务总局宣布，自 2008 年 11 月 1 日起，对个人住房交易环节的税收政策作出调整，降低住房交易

---

① 该通知规定自 2005 年 6 月 1 日起，对个人购买住房不足两年转手交易的，销售时按其所得的售房收入全额征收营业税；个人购买普通住房超过 2 年（含 2 年）转手交易的，销售时免征营业税；对个人购买非普通住房超过 2 年（含 2 年）转手交易的，销售时按其售房收入减去购买房屋的价款后的差额征收营业税。

② 该通知规定从 6 月 1 日起，个人将购买不足 5 年的住房对外销售全额征收营业税；将购买超过 5 年（含 5 年）的普通住房对外销售，应持有关材料向地方税务部门申请办理免征营业税手续。地方税务部门对纳税人申请免税的有关材料进行审核，凡符合规定条件的，给予免征营业税。

税费。

2009年5月21日，国家税务总局制定《土地增值税清算管理规程》，对土地增值税清算的前期管理、清算受理、清算审核和核定征收等具体问题作出具体规定。

2009年5月25日，发展改革委提出由财政部、税务总局、发展改革委、建设部负责研究开征物业税。

2009年10月24日，《完善促进房地产市场健康发展的政策措施》("国四条")出台，个人住房转让营业税征免时限由2年恢复到5年。

2009年12月9日，国务院常务会议研究完善促进消费的若干政策措施，将个人住房转让营业税征免时限由2年恢复到5年，遏制炒房现象。《国务院办公厅关于促进房地产市场健康发展的若干意见》(国办发〔2008〕131号)中的四大税种的优惠措施，只有营业税优惠取消，契税、个人买卖印花税、个人转让出售的土地增值税优惠继续维持。政府调控房市采取了平稳的步骤。

2009年12月23日，财政部和国家税务总局出台了《关于调整个人住房转让营业税政策的通知》，这是落实12月9日国务院常务会议相关政策。除了年限变化外，值得关注的有两点：第一，普通住宅交易享受税收优惠；第二，《通知》规定："为维护正常的财税秩序，各地要严格清理与房地产有关的越权减免税，对清理出来的问题，要立即予以纠正。"

2010年4月2日，财政部下发通知：对两个或两个以上个人共同购买90平方米及以下普通住房，其中一人或多人已有购房记录的，该套房产的共同购买人均不适用首次购买普通住房的契税优惠政策。

2010年5月26日，国家税务总局公布了《关于土地增值税清算有关问题的通知》，明确土地增值税清算过程中的若干计税问题。

2010年6月3日，国家税务总局下发《关于加强土地增值税征管工作的通知》，要求各级税务机关全面开展土地增值税清算审核工作。《通知》抬高了土地增值税预征率的下限。国家税务总局规定，除保障性住房外，东部地区省市预征率不得低于2%，中部和东北地区省市不得低于1.5%，西部地区省市不得低于1%。《通知》确定土地增值税核定征收率原则上不得低于5%。

2011年1月27日，财政部公布了《关于调整个人住房转让营业税政策的通知》，规定个人将购买不足5年的住房对外销售的，将全部征收营业税。2011年1月28日，上海和重庆正式实施房产税，深圳宣布成为第三个房产税试点城市。

2011年11月17日，财政部和国家税务总局发布《营业税改征增值税试点方案》。改革试点的主要税制安排为在增值税17%标准税率和13%低税率基础上，新增11%和6%两档低税率。租赁有形动产等适用17%税率，交通运输业、建筑业等适用11%税率，其他部分现代服务业适用6%税率。

2012年3月22日，国务院办公厅发布《关于2012年深化经济体制改革重点工作的意见》，明确提出：应加快财税体制改革，适时扩大房产税试点范围。

5.2.2 住房市场回顾

我国针对住房价格的房地产调控起自2003年6月12日的房贷政策，2003年8月国家正式将住房产业作为国民经济的重要支柱产业。此后，住房价格总体呈现了快速上涨的趋势。当然，地区之间上涨的差异程度不同，甚至一个城市的不同区域上涨的差异程度也比较大。

表5-1　全国住宅销售情况与价格变动情况（1998—2012）

年份	销售面积/万平方米	销售额/亿元	价格/（元/平方米）	环比上涨/%
1998	10827.10	2006.868	1853.56	4
1999	12997.87	2413.735	1857.02	0
2000	16570.28	3228.605	1948.43	5
2001	19938.75	4021.154	2016.75	4
2002	23702.31	4957.850	2091.72	4
2003	29778.85	6543.449	2197.35	5
2004	33819.89	8619.367	2548.61	16
2005	49587.83	14563.760	2936.96	15
2006	55422.95	17287.810	3119.25	6

表5-1(续)

年份	销售面积/万平方米	销售额/亿元	价格/(元/平方米)	环比上涨/%
2007	70135.88	25565.810	3645.18	17
2008	59280.35	21196.000	3575.55	−2
2009	86184.89	38432.900	4459.35	25
2010	93376.60	44120.443	4725.00	5
2011	96528.41	48198.276	4993.17	6
2012	95467.51	51838.19	5429.93	9

资料来源：中国统计年鉴(1999—2013)。

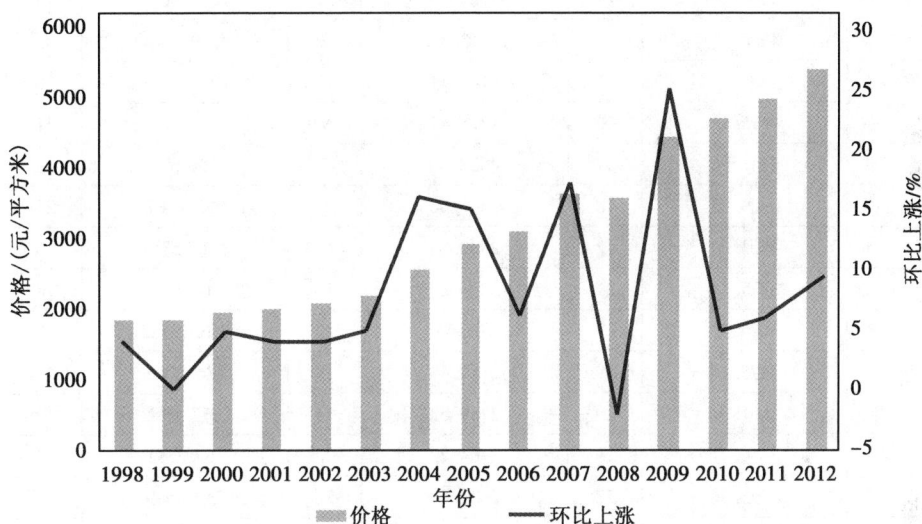

图 5-1 全国住宅价格增长示意图(1998—2012)

1998 年至 2012 年底我国的房价都是呈现较快速上涨的状态，见表 5-1 和图 5-1，下降的趋势主要分布在 2008 年下半年和 2009 年初，其主要原因是受国际金融危机的冲击，全国各地房地产市场均进入了滞胀的状态，开发量虽然增加，但没有交易量的支撑。

表 5-2 所示为 2012 年全国各地区住宅价格与销售情况。

表 5-2 2012 年全国各地区住宅价格与销售情况

地区	价格/(元/平方米)	排序	销售面积/万平方米	排序	销售额/亿元	排序
北 京	16553.48	1	1483.37	24	2455.4936	7
上 海	13869.88	2	1592.63	22	2208.9587	9
浙 江	10679.69	3	3316.23	12	3541.6308	4

表5-2(续)

地区	价格/(元/平方米)	排序	销售面积/万平方米	排序	销售额/亿元	排序
天 津	8009.58	5	1511.40	23	1210.5679	17
广 东	7667.89	7	7157.63	4	5488.3919	1
海 南	7811.26	6	898.35	27	701.7245	25
福 建	8365.92	4	2741.96	15	2293.9018	8
江 苏	6422.85	8	7923.37	1	5089.0617	2
辽 宁	4717.21	13	7655.40	3	3611.2129	3
四 川	4959.19	10	5679.33	5	2816.4877	6
湖 北	4668.00	14	3620.10	11	1689.8627	15
山 东	4556.63	15	7745.87	2	3529.5064	5
重 庆	4804.80	11	4105.11	10	1972.4233	10
安 徽	4495.12	16	4275.43	9	1921.857	11
河 北	4141.96	17	4622.46	8	1914.6044	13
广 西	3909.83	18	2546.96	16	995.8181	21
陕 西	4803.05	12	2530.84	17	1215.5751	16
黑龙江	3725.51	21	3226.22	13	1201.9315	18
宁 夏	3620.77	27	707.57	29	256.19482	29
吉 林	3875.10	19	2159.43	18	836.8007	22
云 南	3861.01	20	2789.68	14	1077.0982	19
内蒙古	3656.41	26	2104.22	20	769.3891	23
贵 州	3695.36	22	2002.40	21	739.9589	24
山 西	3690.88	24	1390.44	25	513.1947	26
湖 南	3669.63	25	4664.08	7	1711.5448	14
江 西	4971.00	9	2125.90	19	1056.7849	20
河 南	3511.26	29	5455.50	6	1915.5679	12
新 疆	3593.82	28	1274.80	26	458.1402	27
青 海	3692.21	23	246.85	30	91.1422	30
甘 肃	3376.08	30	893.36	28	301.6055	28
西 藏	2982.19	31	20.65	31	6.1582	31

资料来源:中国统计年鉴(2012)。

2005 年的"国八条"政策对房价上涨起到了一定的抑制作用。从价格看,在政策出台后,全国总体的房价涨幅有所回落;从交易量看,住房交易量出现明显下降;房地产投资的增长速度也明显放缓。但这种政策强力抑制导致的短期市场反应并不能阻止房地产价格进一步上涨的趋势。

2006 年政府出台的"国六条"政策效果不及"国八条",房价只是出现了短暂的环比上涨速度放缓,并没有出现价格的下跌。2007年房地产市场又开始重新活跃,尤其是北京、深圳、广州等城市房价出现快速上升的势头。2006 年缓慢上涨带来的是 2007 年房地产市场报复性的反弹,在房地产市场上,开发商和消费者达成了一致意见:房价没有到顶。

2007 年,政府注意到了房地产需求旺盛的关键环节在于银行贷款,因此采取了以差别化的住房信贷政策为主要内容的房地产调控政策,使房地产市场出现了明显的调整。但通过事后分析发现,导致这轮市场调整,国际金融危机的影响要远高于政策调控影响,促使市场出现持续、深幅调整的最主要因素应该是金融危机的冲击。

1998—2012 年全国住宅施工和竣工情况见表 5-3 和图 5-2。

表 5-3　全国住宅施工和竣工情况(1998—2012)

年份	竣工价值/亿元	施工建筑面积/万平方米	竣工建筑面积/万平方米
1998	5441.8	167600.8	127571.6
1999	6019.9	181236.4	139305.9
2000	6153.4	180634.3	134528.8
2001	6396.5	182767.1	130419.6
2002	6967.8	193731.0	134002.1
2003	7631.2	205286.7	130160.8
2004	8320.3	217580.5	124881.1
2005	10042.3	239769.6	132835.9
2006	10950.1	265565.3	131408.2
2007	12990.7	315629.8	146282.7
2008	15334.1	364354.4	159404.6
2009	19378.9	431463.2	184209.5
2010	21507.2	480772.9	174603.9
2011	26465.1	574909.9	197452.2
2012	29493.7	614991.0	195103.0

资料来源:中国统计年鉴(1998—2013)。

观察 1998—2012 年的房地产调控可以得出以下结论：国家各项房地产政策对市场的影响力在下降，政策的时效性越来越短，政策改变不了房价上涨的趋势，即使是最严厉的政策组合也没有能够阻止其上涨趋势。

总的来说，在 1998—2012 年房价基本上是快速上涨的，每年都被社会所关注的政策调控并没有能够有效阻止这种上涨趋势。每次调控政策换来的是新一轮上涨，只是这种上涨的幅度有所不同罢了。

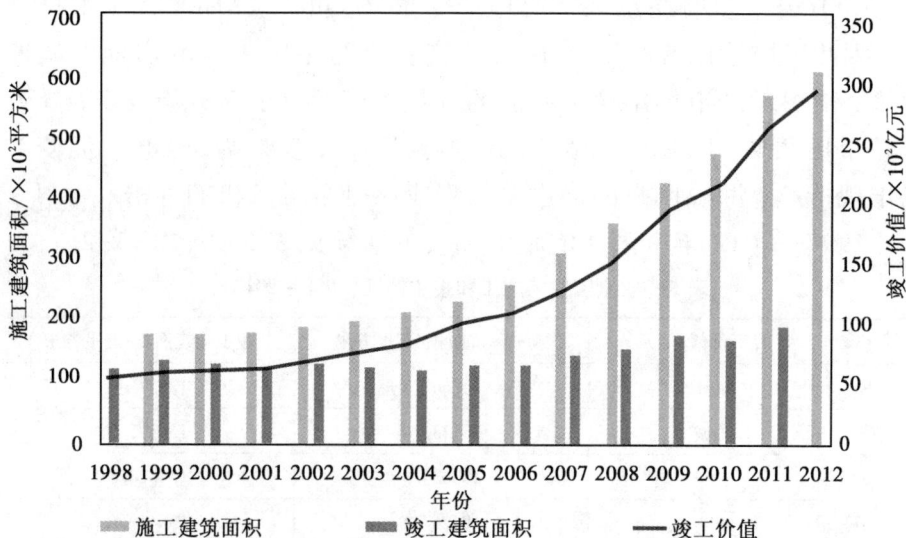

图 5-2　全国住宅施工和竣工情况示意图(1998—2012)

5.2.3　调控政策绩效分析

5.2.3.1　货币供应量增长导致住房价格上涨

我国经济一直依赖投资增长拉动，而投资的增长又高度依赖信贷的扩张，货币的过度投放与信贷的快速扩张必然导致货币总规模的快速增长。2003 年至 2010 年，中国的外汇储备增加了 2 万多亿美元，对应的货币投放是 20 万多亿元人民币。2000 年我国的广义货币供应量 M2 为 13 万亿元人民币，2010 底 M2 达到了 76 万亿元人民币，十年时间增长了 4.846 倍，而同期 GDP 的增长幅度只有 2.9 倍，货币增长速度远高于经济总量的增长速度。

　　国家在经济领域投放了过多的货币，必然会导致通货膨胀的发生，但由于我国居民工资收入增加水平远远没有达到货币供应的增加速度，反映在市场上是需求不足，多余的消费品的价格并没有发生太大的变化，这些多余的资金只能通过房地产市场投资得到释放，结果就是房地产投资过热，房地产价格迅速增高。

　　过多的货币通过按揭贷款和房地产开发贷款两个途径影响住房的需求和价格。2003年以来，我国的实际利率平均为负数，通过按揭贷款来买房的实际资金成本很低，有时甚至是负的，资金过剩加上低利率的事实无异于在鼓励居民通过按揭贷款来炒房子。提高二套房放贷的利率有效缓解了住房价格上涨趋势的事实，从反面印证了利率过低对住房价格的刺激作用。在房地产市场，开发商是主动定价者，买房者是价格的被动接受者，当开发商有了信贷资金的支持，在市场定价过程中更加主动，住房价格必然上升。

5.2.3.2　地方政府土地财政导致住房价格上涨

　　我国现行的土地出让制度主要模仿香港特区的做法，其特点是特区政府高度垄断土地市场，而我国现行的《土地管理法》明确规定农村集体所有制的土地没有资格进入市场流通。这样的土地制度和土地出让方式导致了很多弊端，最受关注的是腐败问题和地方政府对土地财政的依赖问题。

　　在2003年以后，为了解决土地出让过程中的腐败问题，政府推出了市场化改革的方案，规定土地的出让方式要改变过去的以协议转让为主，要采取招拍挂的方式进行，看似名义上的市场化行为，无疑增加了市场的竞争，在一级土地市场被垄断的情况下，开发商对于土地的投标报价逐步增加，不仅没有杜绝腐败，还进一步增加了土地开发成本，推高了房地产价格，甚至还出现了另一个影响恶劣的后果就是土地财政。如表5-4所示，各地区财政收入中土地出让金的比例逐步增加，造成了地方财政依赖土地出让金的恶性循环。

表 5-4　我国地方财政收入和土地出让金比较(2001—2012)

年份	地方财政收入/亿元	增幅/%	土地出让金/亿元	增幅/%	占比/%
2001	7803.30	—	1295.89	—	16.6
2002	8515.00	9.1	2416.79	86.5	28.4
2003	9849.98	15.7	5421.00	124.3	55.0
2004	11893.37	20.7	6412.00	18.3	53.9
2005	15100.76	27.0	5884.00	−8.2	39.0
2006	18303.58	21.2	7676.89	30.5	41.9
2007	23572.62	28.8	11947.95	55.6	50.7
2008	28649.79	21.5	9600.00	−19.7	33.5
2009	32602.59	13.8	15910.20	65.7	48.8
2010	40613.04	24.6	27111.00	70.4	66.8
2011	52547.11	29.4	31140.42	14.9	59.3
2012	61078.29	16.2	27010.66	−13.3	44.2

资料来源:《2013 年中国房地产统计年鉴》。

根据当时的财政管理体制,土地收益主要归地方政府支配,甚至没有列入预算。土地收入成为地方政府最重要的收入来源。

2009 年和 2010 年,为了应对金融危机,地方财政严重透支。根据国家审计署于 2011 年 7 月份公布的数据,截至 2010 年末,地方政府的融资平台贷款余额为 10.7 万亿元,相当于地方政府 2010 年财政收入的 3 倍,每年利息支出 7000 亿元左右。地方政府从商业银行获取贷款的方式基本上都是以土地的预期收益为担保的。

尽管土地财政不是导致高房价的主要原因,但由于土地收入的超常规增长已经让地方财政对土地收入产生了高度的依赖性,不断推高土地价格成为地方政府正常运行的前提条件。因此,不改变土地出让方式,土地区位会越来越偏僻,而土地价格会越来越高,住房价格也会相应继续提高。

5.2.3.3　居民价格上涨预期导致住房价格上涨

住房既有消费属性,还有投资属性,使得房地产市场的价格形成机制和一般商品有较大的不同。住房市场最直接的波动规律就是"追涨杀跌":市场参与者由于未来价格上涨的预期作用,倾向于购买并持有住房,市场需求增加而供给减少,呈现供不应求的状态,于是价格继续上涨,而上涨又进一步刺激人们的购买和投资欲望。

2000 年至 2012 年,我国的房地产市场已经持续上涨了 12 年,期间有过因为政策调控而导致的房价的短暂回落(如 2005 年),也曾经因为全球金融危机的冲击而出现市场的萧条(2008 年底和 2009 年初),但总体趋势是持续上涨的,12 年的增长使投资者产生了中国房地产价格只涨不跌的心理。经过测算,2005 年至 2012 年,投资一线城市住房的投资回报率超过 600%(按照首付三成计算),全国平均的投资楼市的收益率也超过 100%,而同期投资国债的收益率为 26%,储蓄存款的收益率为 14%,投资信托产品的收益率为 35%。

国内外的经验表明,当住房价格上涨出现泡沫后,通过政策调控来实现价格软着陆是不现实的:要么用外力强行使泡沫破灭,价格迅速崩溃;要么纵容价格继续上涨。这才是当时我国住房市场调控的最大困境。

5.3　住房产权私有制度下的城镇保障性住房

1998 年至 2003 年,我国住房体制历经了停止住房实物分配和展开住房分配货币化的过程,确立了对不同收入家庭实行不同的住房供应政策的框架。

2003 年至 2007 年,我国继续调控房地产市场,建立了廉租住房保障制度。针对某些地区住房供给矛盾、房地产投资和价格增长过快等现象,国务院先后发布了"国八条"、新"国八条"、"国六条"等稳定房地产市场健康发展的重要文件。提出了要高度重视和稳定住房价格,加快建立和完善适合我国国情的廉租住房保障制度。

2009 年住房城乡建设部、国家发展改革委,以及财政部联合印发了《2009—2011 年廉租住房保障规划》,争取用三年时间,基本解决 747 万户现有城市低收入住房困难家庭的住房问题。进一步健全实物配租和租赁补贴相结合的廉租住房制度,并以此为重点加快城市住房保障体系建设,完善相关的土地、财税和信贷支持政策。

5.3.1 经济适用住房建设

5.3.1.1 经济适用住房的总体建设思路

1998 年，我国住房体制发生了转轨，政府明确了高收入者购买商品房，中低收入者购买经济适用住房，最低收入者承租政府提供的廉租住房的政策，其制度演进过程详见表 5-5。经济适用住房是我国房改的阶段性产物，当时被赋予了住房供应主体的地位。但是，经济适用住房的建设进展各地大有不同。

表 5-5 我国城镇经济适用住房制度演进

年份	主要内容
1991	国务院发出《关于继续积极稳妥地进行城镇住房制度改革的通知》，提出要"大力发展经济适用的商品房，优先解决无房户和住房困难户的住房问题"
1994	《国务院关于深化城镇住房制度改革的决定》(国发〔1994〕43 号)颁布，第一次提出了以中低收入家庭为对象，建设有保障性质的经济适用住房供应体系。1995 年开始实施"国家安居工程"项目
1998	《国务院关于深化城镇住房制度改革加快住房建设的通知》(国发〔1998〕23 号)颁布，明确提出要建立和完善以经济适用住房为主体的多层次住房供应体系。提出经济适用住房的供应对象为中低收入家庭，并且经济适用房只售不租
2002	国家计委和建设部联合发布了《经济适用房价格管理办法》，确定了以保本微利为原则的经济适用住房价格标准，租金按照建设、管理成本加上低于 3% 的利润为准
2003	《国务院关于促进房地产市场持续健康发展的通知》(国发〔2003〕18 号)颁布，把经济适用住房定位为具有保障性质的政策性商品住房，要求控制建设标准、限定供应对象、落实优惠政策、严格项目招投标制度和销售价格管理，强化了经济适用住房制度的保障性质。同年，建设部等四部门制定的《经济适用住房管理办法》细化了相关规定
2004	建设部、国家发展改革委、国土资源部和中国人民银行联合下发中国第一部《经济适用住房管理办法》，首次明确规定了经济适用住房为"政府提供政策优惠，限定建设标准、供应对象和销售价格，具有保障性质的政策性商品住房"
2006	《国务院办公厅转发建设部等部门关于调整住房供应结构稳定住房价格意见的通知》(国办发〔2006〕37 号)中强调规范发展经济适用住房，完善经济适用住房制度，切实解决建设和销售中存在的问题。特别是国办发〔2006〕37 号文件适应新形势的需要，明确将经济适用住房定位于低收入家庭，确立了下一步经济适用住房制度的发展方向

表5-5(续)

年份	主要内容
2007	国务院发布了《关于解决城市低收入家庭住房困难的若干意见》(国发〔2007〕24号),明确了"经济适用住房属于政策性住房,购房人拥有有限产权",其供应对象为"城市低收入住房困难家庭"。明确了退出机制:"购买经济适用住房不满5年,不得直接上市交易,5年后购房人向政府交纳土地收益等价款后,可以取得完全产权,已经购买了经济适用住房的家庭又购买其他住房的,原经济适用住房由政府按规定回购" 建设部等七部门印发了《经济适用住房管理办法》
2008	中国人民银行和银监会共同公布了《经济适用住房开发信贷管理办法》,明确了经济适用住房开发贷款的定位、借贷主体资格,规范了借贷期限和利率管理 《2007年国务院政府工作报告》中提到"抓紧建立住房保障体系",住房政策首次被划归在政府工作报告中的"更加注重社会建设,着力保障和改善民生"部分,健全廉租住房制度和加强经济适用住房的建设与管理被同时列为解决城市低收入群众住房困难的主要措施
2010	《国务院办公厅关于促进房地产市场平稳健康发展的通知》("国十一条")提出在房价过高、上涨过快的城市要切实增加限价住房、经济适用住房、公共租赁住房等保障性住房的供给 9月,财政部发布通知,对公共租赁住房的建设提供税费减免
2011	"十二五"规划纲要提出新建保障性住房3600万套,建立健全以公共租赁住房为主的住房保障体系,强化政府的住房供给责任 国务院办公厅印发《关于保障房建设和管理的指导意见》指出,应大力推进以公共租赁住房为重点的保障性安居工程建设,重点发展公共租赁住房,根据实际情况继续安排经济适用住房和限价商品住房建设

　　具体说来,经济适用住房是指政府提供政策优惠,限定建设标准、供应对象和销售价格,具有保障性质的政策性商品住房[①]。经济适用住房的保障性体现在两个方面:一是以严格界定的城镇中低收入者为销售对象;二是相对于普通住房价格而言具有了较低的价格优势。经济适用住房是国家通过多种政策措施倾斜已达到加大住房供给、调整房地产投资结构和扩大市场需求的符合我国特殊的住房市场发展阶段的一种政策选择。顾名思义,经济适用住房的特质在

① 资料来源:《经济适用住房管理办法》(建住房〔2004〕77号)。

于经济性和适用性，经济性要求其价格适中，中低收入家庭能够承担；适用性要求住房的建造标准符合居民需求，面积、功能、交通、配套等相关设施完善齐全。

5.3.1.2 经济适用住房定位

2004 年颁布的《经济适用住房管理办法》给经济适用住房定下了完整的定义："经济适用住房，是指政府提供政策优惠，限定建设标准、供应对象和销售价格，具有保障性质的政策性商品房"，明确了经济适用住房本质上的商品属性和其不可回避的社会保障性。《办法》第九条同时规定了经济适用住房的建设用地采取政府行政划拨的方式，这有利于降低经济适用住房的建设成本，并进一步降低其市场价格，减轻购房者的经济负担。然而，这种土地划拨供给方式给传统的地方政府土地财政带来了巨大的挑战，全国各地的经济适用住房建设投资不断下降。

由于经济适用住房的供给数量不足，始终无法建立以经济适用住房供应为主要部分的城镇住房保障体系和住房分类供应体系。面对政策无法落实的局面，中央在 2003 年之后发布的规定中，又提出了建设普通商品房、中低价位商品房为主的供应要求，造成了我国住房供应体系政策的混乱。

经济适用住房是适合于中低收入家庭承受能力、具有社会保障性质的商品房。严格地讲，经济适用住房并不是完全意义上的商品房，它兼具了半福利、半商品、半计划体制、半市场体制的性质。经济适用住房的经济性也仅仅是相对于完全意义上商品房价格而言，其适用性也仅指在住房设计和建造标准上更多地强调了住房的使用功能，而非降低了建筑标准。经济适用住房是政府提供政策优惠、限定建设标准、确定出售对象和价格的兼具保障性质和商品性质的政策性住房。经济适用住房的租售价格采用以保本微利为原则的价格体系，购买经济适用住房一定年限以后，才可上市出售，并且出售收益需按比例向政府提交。经济适用住房的申请、审核和公示制度都是公开透明的，接受政府和社会全面严格的监督。

5.3.2　廉租住房建设

5.3.2.1　政府高度重视廉租住房建设

在 2002 年中央经济工作会议上，胡锦涛总书记重点提到了低收入群体的社会救助问题，并将住房问题放在了重点关注问题的首位。温家宝总理特别强调了建立和完善廉租住房制度，并将这项制度作为我国住房制度改革的一项重要内容。

2003 年 11 月建设部通过了《城镇最低收入家庭廉租住房管理办法》。2004 年由建设部、财政部、民政部、国土资源部和国家税务总局组成的五部委联合发布了《城镇最低收入家庭廉租住房管理办法》（自 2004 年 3 月 1 日起施行），这是我国在建立和完善符合国内实际的住房保障制度过程中迈出的重要一步，也标志着我国廉租住房的全面启动。

2005 年 10 月，《中共中央关于制定国民经济和社会发展第十一个五年规划的建议》重点提到了廉租住房建设的问题，并将其和医疗、教育等保障问题同等看待①。

在中国共产党第十七次代表大会中，胡锦涛指出："努力使全体人民学有所教、劳有所得、病有所医、老有所养、住有所居；……健全廉租住房制度，加快解决城市低收入家庭住房困难。"这也是中国共产党首次在党代会报告中提出保障性住房的建设问题。

从 2007 年开始，国家强化了廉租住房建设的保障措施。针对一系列建设滞后、经济适用住房制度不完善、部分城市低收入家庭住房困难等状况，国务院于 2007 年 8 月发布了《国务院关于解决城市低收入家庭住房困难的若干意见》。《意见》要求各级政府要把解决低收入家庭的住房问题作为住房改革的重要内容和政府公共服务的重要职责。至此，国家已经把保障性住房提到了一个前所未有的高度

---

①《建议》强调："建立和谐社会，要以扩大就业、完善社会保障体系、理顺分配关系、发展社会事业为着力点，妥善处理不同利益群体关系，认真解决人民群众最关心、最直接、最现实的利益问题。……更加注重社会公平，使全体人民共享改革发展成果。……建立健全与经济发展水平相适应的社会保障体系，合理确定保障标准和方式。……认真解决低收入群体的住房、医疗和子女就学等困难问题。"这给我国下一阶段的住房保障制度改革提出了原则性要求。

上来，是我国住房改革历史上的里程碑，"市场和保障并重"开始回归人民视野。

5.3.2.2　廉租住房产权定位

廉租住房供应体系作为城镇住房新制度的重要组成部分，作为我国住房保障的最底线部分，受到城镇最低收入居民的关注。从字面意义上理解，廉租住房就是廉价的出租住宅。廉租住房由政府提供给具有城镇常住居民户口的最低收入家庭。廉租住房建设以满足家庭的最低基本需求为准，满足社会资源的有效利用。廉租住房的数量要与最低收入家庭的数量相适应，并且供给量适当少于需求量，以至于申请廉租住房的家庭有一个合理的轮候期。另外，廉租住房的保障特征决定了其租金标准往往低于市场普通的房屋租金标准，其资金水平受到政府的严格控制；还有，廉租住房不得进行转让或转租。

其实，我国的廉租住房在本质上与西方国家市场经济条件下的公共住房是一致的，我国传统住房制度因其住房低租金、福利性的特点也可以看成廉租住房制度，区别在于当时的住房覆盖面是全国性质的，而如今却只面向城镇最低收入群体。

建设资金来源一直是政府相关部门对于廉租住房问题无法解决的首要问题，而共有产权、租售并举的制度则很好地解决了这一矛盾，有效地减轻了政府的财政负担。

诺斯(产权理论)认为，成本最小的产权形式是有效的。廉租住房在此方面的创新，正是寻求解决廉租住房问题遭遇瓶颈的突破口，通过让渡产权、明晰产权的界定来使廉租住房的建设走上良性的发展轨道。实施共有产权，政府可通过出售廉租住房的部分产权回笼资金，以投入到下一轮的廉租住房建设中。

表5-6所示为中国城镇廉租住房制度框架的形成过程。

表5-6 中国城镇廉租住房制度框架的形成过程

年份	主要内容
1998	《国务院关于深化城镇住房制度改革加快住房建设的通知》(国发〔1998〕23号)颁布，首次提出建立廉租住房制度。重点：最低收入家庭租住由政府或单位提供的公有廉租住房；廉租住房可以从腾退的旧公有住房中调剂解决，也可以由政府或单位出资兴建，廉租住房的租金实行政府定价
1999	根据国发〔1998〕23号文件精神，建设部制定了《城镇廉租住房管理办法》(建设部令第70号)，初步确立了廉租住房政策框架
2003	《国务院关于促进房地产市场持续健康发展的通知》(国发〔2003〕18号)中，提出要强化政府住房保障职能，形成以财政预算资金为主，稳定规范住房保障资金来源。实行以发放租赁补贴为主，实物配租和租金核减为辅的保障方式 建设部会同有关部门修订并颁布了《城镇最低收入家庭廉租住房管理办法》(建设部令第120号)，廉租住房制度基本建立
2005	国务院办公厅转发建设部等部门《关于做好稳定住房价格工作意见的通知》(国办发〔2005〕26号)中，提出城镇廉租住房制度建设要纳入省级人民政府对市(区)、县人民政府工作的目标责任制管理，初步建立了廉租住房推进机制 建设部与相关部门联合下发《城镇廉租住房租金管理办法》(发改价格〔2005〕1405号)和《城镇最低收入家庭廉租住房申请、审核及退出管理办法》(建住房〔2005〕122号)，进一步健全了廉租住房政策
2006	《国务院办公厅转发建设部等部门关于调整住房供应结构稳定住房价格意见的通知》(国办发〔2006〕37号)中，提出要落实廉租住房资金筹措渠道，城市人民政府要将土地出让净收益的一定比例用于廉租住房建设 根据国办发〔2006〕37号文件精神，下发了《财政部、建设部、国土资源部关于切实落实城镇廉租住房保障资金的通知》(财综〔2006〕25号)，进一步拓展了廉租住房资金渠道
2007	《国务院关于解决城市低收入家庭住房困难的若干意见》(国发〔2007〕24号)强调保障的主要途径是廉租住房，并同时扩大保障范围至低收入家庭。在土地供给、资金保障、制度安排等方面作了详尽的规定，首次明确提出了将保障住房工作情况列入人民政府的政绩考核中去 建设部等九部委联合印发了《廉租住房保障办法》。财政部关于《廉租住房保障资金管理办法》出台，明确了廉租住房的资金来源。进一步加大了各级财政预算对于廉租住房的支出

表5-6(续)

年份	主要内容
2009	国土资源部土地利用管理司发布《关于切实落实保障性安居工程用地的通知》，对廉租住房和经济适用住房用地将给予减免费用的政策支持 住房城乡建设部、发展改革委、财政部联合颁布《2009—2011年廉租住房保障规划》，计划在三年时间基本解决现有的747万户城市低收入家庭的住房困难。继续落实实物配租和租赁补贴相结合的廉租住房制度，并加快城市住房保障系统的建设，完善相关土地、财税等政策支持
2010	住房城乡建设部、民政部、财政部三部门联合印发了《关于加强廉租住房管理有关问题的通知》，要求各地区要通过新建、改建、购置、租赁等方式多渠道筹集廉租住房房源，严格执行廉租住房建设和准入管理制度，强化租赁管理和服务，切实落实监管责任
2011	国务院办公厅印发《关于保障房建设和管理的指导意见》，指出城镇低收入住房困难家庭较多、小户型租赁住房房源不足的地区，要加快建设廉租住房，提高实物配租比例。逐步实现廉租住房与公共租赁住房统筹建设、并轨运行
2012	财政部印发了《中央补助廉租住房保障专项资金管理办法》，明确专项资金按照公开、公平、公正、透明的原则分配给相关地区，并根据相关地区廉租住房保障工作进展情况适时调整

5.3.2.3　地方政府对廉租住房建设执行情况

2007年2月建设部通报了各地2006年的廉租住房保障制度建设情况。截至2006年底，全国657个城市中的512个城市已经建立了廉租住房制度，占比达到77.9%。其中，87个地级以上城市除信阳、遵义、保山、固原外，有83个城市已经建立了廉租住房制度，占比达到95.4%；370个县级市中，有229个城市建立了廉租住房制度，占比达到61.9%。廉租住房制度开展较为全面的有浙江、广东、河北、江西、甘肃、陕西、江苏、湖北等8个省，城市廉租住房建设数量达到了90%以上①。

从资金投入来看，从1999年到2006年，全国建设廉租住房的总投入资金超过70亿元。其中财政预算安排资金接近一半，其他主要部分为住房公积金增值收益部分。虽然全国有120个以上的城市明

---

① 建设部. 全国已有512个城市建立了廉租住房制度. http: //news. qq. com/a/20070214/002704. htm.

确了出让金用于廉租住房的比例，但实际执行的效果并不乐观①。全国仅有不到 60 万户低收入家庭享受到了廉租住房的优惠政策，这其中还有近三分之一的家庭是通过补贴的形式获得，另有近一半是通过租金核减的方式享受政策，获得实物住房的还不到 15%，

2007 年全国计划安排廉租住房建设资金达到 79.4 亿元，超过 2006 年之前廉租住房建设资金的总额，截至 2007 年年底，通过廉租住房制度，全国已经有 95 万户低保家庭住房条件得到改善，其中，当年就有 68 万户是通过廉租住房制度解决困难的低保家庭。

2008 年廉租住房制度建设共投入 354 亿元，是 2007 年投入资金的 3.7 倍。其中实物廉租住房建设投入 286 亿元，发放租赁补贴 68 亿元。开工建设、购买廉租住房 63 万套，发放租赁补贴 249 万户，可使共 312 万户城市低收入家庭解决住房困难问题，基本实现了对住房困难的低保家庭"应保尽保"。新开工经济适用住房 130 万套。

据住房城乡建设部的数据显示，截至 2009 年 11 月底全国新开工和通过各种方式筹集廉租住房 185 万套。其中，全国廉租住房新开工 158.4 万套，通过购买、改建等方式筹集 26.6 万套。租赁住房补贴户数达到 292 万户，其中新增租赁补贴 80 万户。

2010 年新增 1000 亿元中央投资中有 100 亿元用于廉租住房的建设和各类棚户区的改造。

这些很少的廉租住房在各地区之间分布非常不均衡，发达地区好于不发达地区，西部很多城市还没有研究这个问题。这反映了各地方政府对待廉租住房的态度。

5.3.2.4 廉租住房制度执行中存在的问题

1998 年的房改通知中规定"廉租住房可以从腾退的旧公有住房中调剂解决，也可由政府或单位出资兴建。"可见，当时政府对于廉租住房的认识还只限于实物配租的方式，虽然 2003 年之后又下发了强调以发放租赁补贴为主、实物配租和租金核减为辅的多个文件，然而在具体实践中却没能很好地落实。通过建设部 2006 年的统计数据来看，截至 2005 年底，全国共计有 47.4 亿元用于低收入家庭的住房

---

① 建设部.全国已有 512 个城市建立了廉租住房制度.http://news.qq.com/a/20070214/002704.htm.

保障建设，惠及 32.9 万户最低收入家庭，其中，租赁补贴 9.5 万户，实物配租 4.7 万户，租金核减 18.2 万户，其他方式保障 4796 户。从这些方面可以看出，政府在实物配租方面投入了巨大的资金，然而实物配租在具体运行中的许多问题也初步显现：① 廉租住房都由政府投资兴建，其所需资金量较大，而政府资金有限，影响了廉租住房覆盖面的扩大。② 廉租住房提高了低收入群体的居住集中度，或许会产生贫民窟等社会衍生问题，有碍社会的全面协调发展。③ 最低收入户的家庭收入是动态变化的，当其收入超过廉租保障范围时就应将廉租住房让给更需要的人，但实际上，不符合廉租住房条件的住户仍然存在。④ 廉租住房的住户收入低，社会化、专业化的物业管理难以推广，从而导致了廉租住房管理和维护等工作问题重重。

5.4 城镇住房产权私有制经济绩效和路径依赖

5.4.1 基于过滤模型的政策实施效果分析

5.4.1.1 过滤模型简介

"住房过滤"是住房市场中较常见的一种现象，是指在住房市场中，一开始为较高收入者建造的住房随着时间而老化并价值降低，这些人就会为了追求更好的住房而放弃现有住房，而这些住房由较低收入者接续使用的过程。这里所说的过滤的本质是由于住房老化以及住房所能提供的服务功能减少，降低了其质量水平，放弃原有住房是因为人们追求高质量住房的心理而非居住者收入的提高。简言之，住房过滤是住房本身市场价值的改变，而非居住者收入的变化。

伯吉斯是最早研究过滤理论的学者，他主要从住房区位经济格局的角度分析住房空间分布的特点。20 世纪 20 年代初期，伯吉斯对芝加哥住房区位的格局观察之后指出，家庭收入越高者居住在离芝加哥市中心越远的地方。由于当时工业发展迅速，新建的住房往往离市中心较远，因此高收入者才能够住进离市中心最远最新的住房中，之前的住房留下来由那些较低收入家庭居住，最为贫穷的家庭则居住在靠近市中心的老住房中。依照这样的迁徙规律，市中心的老旧住房逐渐被腾空直至被拆除，取而代之的是中央商业区。这种住房的区位格局变革用"过滤论"演绎更加合适。

消费者梯度消费主要应用住房过滤模型来研究，居住市场的划分是依照不同住房给居住者所提供的服务量而划分的，住房市场过滤理论将存量住房和增量住房联系起来，揭示了不同住房市场之间的相互作用，以及住房不同用途的转换过程。

此模型有两个假定：一是住房所提供的服务随着时间的推移而减少；二是随着时间的推移住房将会被更低收入家庭居住。其中，住房服务功能的减少不考虑通过改造而使住房质量超过原来的情况，只考虑由于物理折旧、建造技术落后等造成的情况。

上面两个假定说明在一定时期内住房所提供的服务量逐步变化，高收入者总会居住较新的、提供更多服务量的住房；而低收入者只能够得到质量差、服务量也少的住房。其结果是高收入者总是能够得到更好的房子和最多的服务量，而低收入者的住房永远是质量差、服务量少的。

利用以上模型来分析住房的供应政策，将上面两个假定细化为：将所有家庭分为三个不同的群体，即高收入者、中等收入者和低收入者；居民的收入逐步提高，同时相应增加他们的住房支出。

在原有基础上增加住房服务量和面积等能够使得住房向上过滤，为此所付出的代价也较为高昂，这一假定使得高收入者总是居住在新建的住房之中，住房质量也随着时间推移而下降。

5.4.1.2 鼓励新建高档商品房政策效应分析

从过滤理论的基本原理来看，社会的住房过滤过程的实现，需要不断增加高质量新建住房和对旧有住房的淘汰。如图5-3所示，假定住房服务水平是由住房质量和面积两方面因素构成，不同收入家庭根据自身能力选择不同住房，假定当前的住房水平呈现三条曲线的形态，L、M和H分别对应低收入家庭、中等收入家庭、高收入家庭的住房现状。

随着时间的推移，n年后，当前的住房质量下降，同时家庭收入随着经济增长而增加，人们对于住房的要求会更高。此时，若是建造

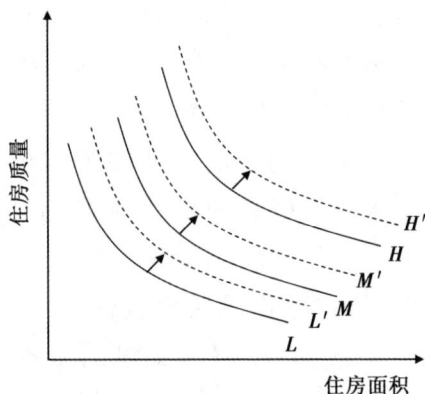

图5-3 建造高档房的过滤效应

了一批更好的住房,无论从面积还是服务量上都好于高收入群体的现有住房,那么高收入家庭首先会通过购房搬入新的住房中,此时他们的住房状况是 H'。高收入者出售的二手房,由于质量仍然好于中等收入家庭的住房水平,这些二手房将被出售给中等收入家庭,一段时间后,中等收入家庭的住房状况曲线将移动至 M'。同理,由中等收入家庭替换的住房可出售给低收入家庭居住,低收入家庭居住状况曲线将移动至 L'。低收入家庭原来住房由于需求不足或城市规划的原因将被拆迁。

综上分析可以看出,新建高质量住房将对原有房地产的需求和保障程度产生连锁的影响,住房市场的供应层次和对象将进行重新调整。在住房总量不变,住房市场完全竞争、价格没有波动的假设情况下,增加高质量住房的结果会提高社会总体的住房保障水平。

5.4.1.3 保障性住房政策效应分析

政府鼓励为低收入家庭建设低档次住房的基本方式有两种:一是政府直接出资建房;二是政府提供开发政策或者资金上的优惠,鼓励房地产企业给低收入家庭建设低档次住房。

建设低档次住房解决低收入家庭的住房问题是公共住房政策的主要手段之一,美国、英国等已经采用过相应政策。这种政策有利于低收入者在较短时间内解决住房问题,同时给住房市场带来一定的改变,如图5-4所示。低收入者住到新建的低档次住房 L' 中,这种住房市场不向其他人群开放,政策的实施相当于将申请居住公共住房的那部分低收入者从低档次住房市场中抽离，引致低档次住房市场中住房需求下降，相应租金水平也下降 。

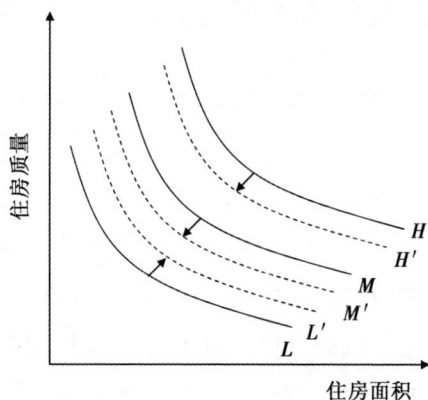

图5-4 建造低档房的效应

这种提高保障性住房供应数量的政策对中档住房市场也会产生影响。如果部分中等住房由于折旧、功能过时等问题导致质量下降，进而导致租金或价格下调，当中等住房租金的水平接近低档住房的租金时，这部分住房就会"过滤"到低档次的住房市场中去，由低收入阶层继续使用。然而在实际中，中档住房租金也会下降，那些本应该"过滤"下来的中档住房价格相对于低档次住房的租金仍然偏高，往往不能正常"过滤"给低收入阶层使用，相应继续在中档住房市场中存留，因此造成了中档住房市场中的住房存量增加了。

在此情况下，中等收入阶层无法将原有住房出售给低收入阶层，这些家庭将无法换取质量较好的住房，进而导致高收入家庭的住房也无法出售，最终也将导致高质量住房的市场需求不足。在这种情况下，最终会得到的结果就是低收入家庭住房得到改善，中等收入家庭和高收入家庭的住房并没有得到改善，并随着其原有住房质量的下降而降低了居住水平。整体上来看，这种政策较适合于低档住房严重短缺的情况，住房市场中低档次住房的建设成为主流以后，随着经济的发展这些新房还没到生命末期就已经过时，不能够再向下"过滤"，造成了这部分住房将被提前拆毁或者改为他用，以至于社会资源的浪费。同时，建设开发商兴建中、高档住房的积极性将会减弱，中、高档住房市场的有效供应将会减少，也不利于社会各个阶层住房消费水平的提高。

5.4.2 住房私有产权的经济绩效

21世纪初，我国商品房价格涨速飞快，已经超出了普通居民的购买能力，购房收入也远高于世界平均水平。之前的以"经济适用住房为主"的住房改革思想逐渐模糊。2007年，《国务院关于解决城市低收入家庭住房困难的若干意见》提出了房改新政策①。新政策与1998年的住房制度改革出台的政策相比，侧重点有了很多不同，以经济适用住房制度为重点转变为以廉租住房制度为重点。这也说明，在之后的住房改革中，我国政府将主要通过廉租住房制度来解决低收入者的住房问题，而经济适用住房成为其辅助力量。商品房独占主流的住房体系被打破，不同收入人群都有了各自的居住选择。然而，从长期发展来看，我国住房实践形成了"市场"走在"保障"之前的形势，而《意见》的发布，正是要改变这种局面，形成"保障"与"市场"同步的住房市场格局。

随着我国经济体制改革的深入，在城镇住房产权制度的改革进程中，始终贯彻以市场经济为主体的住房分配和私有产权制度，基本杜绝了平均主义。30年的改革证明，虽然存在着低收入群体的住房保障问题，但这种私有制的城镇住房产权制度极大地激励了房地产业的发展，快速地满足了城镇绝大部分居民的住房需求，因此，城镇住房产权私有制度安排整体上是有效率的。

这种住房私有产权制度提供了一个有利于增加住房供应的激励结构。住房的分配实际上成为了物质利益的分配，可以与经济利益的实现直接关联。通过房地产市场为社会提供了多种层次的住宅产品，激励人们的利益动机，城镇居民可以根据自身的收入能力和住房需求进行消费和投资实现自己的经济利益。

城镇住房产权私有化制度安排可以有效地降低信息费用，通过

---

① 《意见》指出："低收入者可以选择政府的廉租房或者通过政府给予的廉租房补贴解决个人的住房问题；中低收入者允许购买有限产权的经济适用房；除此之外的其他收入群体则可以通过市场来解决其自身的住房问题。"

利益最大化的机制将房地产开发企业和市场紧密地结合在一起,使政府有能力通过市场调控手段对开发商、消费者和投资者进行宏观的管理调控。市场上的各个利益主体受利益分配的驱动和市场竞争的压力影响,必然根据住房供给、需求、价格、产品差异等的变化,调整自身的决策策略。这种机制可以激励开发商更有效地利用资金、土地等各种住房生产要素,以获取最大的经济效益,这样就降低了交易中的搜寻费用,提高了社会整体的收益。

城镇住房产权私有化制度为满足群众住房需求,实现效益最大化提供了制度保障,它符合经济学中关于经济人追求利益最大化的基本假设。住房产品的多元化,特别是生产要素按贡献参与分配的制度安排,有利于进一步推动城镇住房产权私有制结构的调整和完善,进一步促进资本的投入。判断一种新的产权制度安排是否合理的一个重要标准就是看它能否促进效率的提高,能否促进经济的发展,能否全面提高广大人民的住房保障水平。

在住房分配领域,过去搞平均主义"大锅饭",现在以私有产权制度为前提,实行以市场为渠道的住房分配方式。过去的分配结果和目前的分配结果相比,虽然在形式上差异很大,但在本质上依然有其相似或相同之处。过去国有单位的住房分配平均主义十分明显,但也导致了极大的地区差别和工农差别,分配格局内的平均主义和格局外的贫富差距扩大并存。这种认为"过去平均主义,现在趋于贫富分化"是一种简单的、形而上学的思维模式。

我国城镇新建住宅面积和人均住宅建筑面积增长情况见表5-7和图5-5。

表5-7 我国城镇新建住宅面积和人均住宅建筑面积增长情况(1998—2012)

年份	城镇新建住宅面积/亿平方米	城镇人均住宅建筑面积/平方米
1998	4.76	18.7
1999	5.59	19.4
2000	5.49	20.3
2001	5.75	20.8
2002	5.98	22.8
2003	5.50	23.7

表5-7(续)

年份	城镇新建住宅面积/亿平方米	城镇人均住宅建筑面积/平方米
2004	5.69	25.0
2005	6.61	26.1
2006	6.30	27.1
2007	6.88	28.2
2008	7.60	28.9
2009	8.21	30.1
2010	8.69	31.6
2011	9.49	32.7
2012	9.94	32.9

资料来源：中国统计年鉴(1998—2012)。

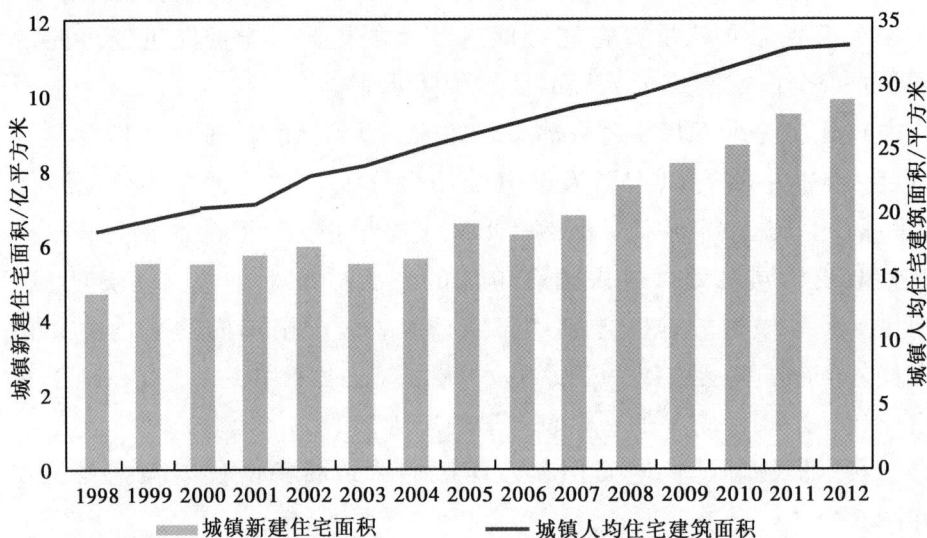

图5-5 我国城镇新建住宅面积和人均住宅建筑面积增长情况示意图(1998—2012)

5.4.3 住房共有产权的经济绩效

我国住房体制中，经济适用住房共有产权制度的基本含义是政府对于经济适用住房建设的财政性支出(包括了减免土地出让金和各项税费等)将转化为住房投资，并按照其投入比例对所建造的住房拥有相应比例的房屋产权和其他权利。而廉租住房共有产权指的是房屋国有产权和保障对象私有产权的结合。其中，国有产权由中央预算内廉租住房建设投资资金和省级财政补贴资金构成；保障对象的私有产权归符合条件的购买廉租住房部分产权的个人所有。

对于通过货币补贴形式购买的住房，其补贴中政府承担的部分属于政府投资，此类住房也属于政府和购房人共有产权。具体实施中，住房保障机构可以代表政府管理此类住房并行使相关权利，政府和购房人共同拥有"房屋共有权证"，按其要求对产权共有人进行权益界定。

其实，共有产权的本质是坚持保障住房的双重性质，实现保障性与商品性的有机统一。通过保障住房所有权权能的动态组合，达到保障住房某些商品性和保障性的统一。共有产权保障性住房，涉及相对单一的私有产权和国有产权以共有产权形式结合在一起，理论上可以探讨。有人认为，在市场化住宅中的共有产权国有份额与社会保障功能关系不大，并且是一项成本极高的制度安排，而作为经营城市中的措施之一，则是一项可以考虑的创新。按照现代产权理论的完整产权标准来衡量，可以说，保障性住房共有产权模式中家庭、政府所具有的都是"残缺"的产权。

从法律上来看，根据物权法、民法"一物一权"的原则，一处房产法律只承认一个所有权，但是一个所有权的民事主体可以是一个，也可以是两个或两个以上，这成为了共有产权制度的法律基础①。综上表明，政府作为房屋权利人可以按照其投资额度享受相应的房屋权利并获得"房屋所有权证"。

5.4.4　市场主导下城镇住房产权私有制度的路径依赖特征

自 1998 年住房分配制度改革以来，为克服福利分配住房的路径

---

① 建设部《房屋登记办法》(第 168 号)规定："共有房屋，应当由共有人共同申请登记。共有房屋所有权变更登记，可以由相关的共有人申请，但因共有性质或者共有人份额变更申请房屋登记的，应当由共有人共同申请。……房屋权属证书是权利人享有房屋权利的证明，包括'房屋所有权证'、'房屋他项权证'等。申请登记房屋为共有房屋的，房屋登记机构应当在房屋所有权证上注明'共有'字样。"

带来的影响，我国对住房分配领域进行了广泛而深刻的变革。公有产权、福利分配的平均主义住房分配方式逐步在社会上消失，只存在于一些特殊和特定的领域和行业，并随着住房分配制度的改革，传统福利住房分配制度的路径依赖逐渐被"闭锁"。现有以市场为主体的住房分配方式逐步确立，私有的城镇住房产权得到保护。在逐步终止了非绩效的平均主义住房分配制度的路径依赖偏好之后，社会逐步形成对"效率优先"住房分配制度的路径依赖偏好。在我国的住房分配制度和城镇住房产权制度变迁中存在报酬递增和自我强化的机制，基本上导致了在今后相当长一段时间内住房分配制度和城镇住房产权制度的变迁仍然以"效率优先"为发展方向。

在这个变迁的过程中，社会面临了一个新的问题，在迫切追求效率优先的进程中，逐步产生了住房分配不公的问题，导致了贫富差距的进一步加大，特别是近年来房价飞涨，变成了"赢者通吃"的局面，整体社会住房满足程度的大幅度提高并不能解决中低收入群体的住房需求，国家正在大力推动的廉租住房和经济适用住房制度缓解了这一矛盾。但由于中央政府和地方政府在投入上的巨大分歧，导致了廉租住房制度尚未得到深入贯彻，经济适用住房则变成了政府和事业单位为体制内部谋取福利的合理借口。中央政府的极力推动和地方政府的消极对待形成了鲜明的对比，也由此反映出在经济适用住房和廉租住房制度推动过程中的巨大制度障碍和利益博弈关系，占有优势地位的政府以及房地产开发商在此过程中获得了巨大的组织和个人的回报，弱势的社会群体只能采取顺从态度，这导致了社会保障性住房结构的不均衡。正确优化平衡城镇住房产权制度变迁中产生的利益博弈，是市场主导下城镇住房产权私有制度经济绩效评价的基础。

5.5 小结

我国住房改革经过不断探索、实践，建立了对最低收入家庭及社会弱势群体提供保障的，以租金补贴为主、实物配租为辅的廉租住房制度,这与经济适用住房几乎同时建立。但总体上看,我国廉租住房制度建设还处于起步阶段,资金来源不稳定、住房保障方式不完善等都使得保障效果没有真正呈现。另外,纵使大多数城镇已经建立了廉租住房制度,但是由于其中大部分没有相应的法规来支持此项保障制度,使得廉租住房制度在实践中的效果呈现很难较快达到预期。

6 租购并举下城镇住房产权制度
深化改革(2013—2020)

房地产市场不断调控,国内整体房价上涨预期增强,不同地区房地产市场出现了分化迹象。2013 年 10 月 29 日习近平总书记在主持十八届中央政治局第十次集体学习时的重要讲话指出,加快推进住房保障和供应体系建设,是满足群众基本住房需求、实现全体人民住有所居目标的重要任务,是促进社会公平正义、保证人民群众共享改革发展成果的必然要求。2013 年以来,国务院着手继续做好房地产市场调控工作,以加快建立和完善引导房地产市场健康发展的长效机制。从此,我国开启了多主体供给、多渠道保障、租购并举的住房制度深化改革阶段。

◤ 6.1 租购并举的城镇住房市场发展基础

6.1.1 房价增速与居民收入增长不相适应

当前的经济环境下,住房达成了人民的三种需求:一是基本的居住需求,二是改善性的居住需求,三是投资性的需求。一般的市场条件下,前两种的需求与供给是可以形成均衡价格的,房价的变动趋势不会太夸张。我国城市房价的高涨,是被第三种需求——投资需求——推动的。

2010 年 4 月 17 日,国务院颁发了《关于坚决遏制部分城市房价过快上涨的通知》,其中规定一套房贷款首付比例从 20% 上调为 30%,二套房首付不低于 50%,三套及以上首付和贷款利率应大幅提高,无一年以上纳税证明或者社保证明的非本地居民暂停发放住房贷款。这一调控政策效果显著，全国房价小幅下跌。然而，到 2010 年 8 月房价开始止跌且有反弹之势，9 月国土资源部和住房城乡建设部联合颁发了《关于进一步加强房地产用地和建设管理调控的通知》，从用地的角度进行规范调控。紧接着，财政部、国家税务总局、住房城乡建设部联合颁发"新五条"①，上浮交易契税，取消个人所得税优惠政策。虽然这些政策没有继续收缩银根，但增加了交易成本，导致全国楼市成交锐减，止住了房价反弹势头。在以上房价调控政策有效执行背景下，2010—2015 年，全国房价基本不涨不跌，房屋投机情况几乎绝迹，库存量不断增加。"十三五"规划纲要提出以供给侧结构性改革为主线，明确供给侧结构性改革是贯穿"十三五"始终的重大任务。随着住房商品化、市场化程度的不断加深，新的问题又一天比一天突出。而在城镇住房供给侧结构变迁中房价是影响供给侧结构性改革的一个重要的因素，2015 年底国务院出台的《关于加快培育和发展住房租赁市场的若干意见》，去库存政策导致房价再次大幅增长(参见表 6-1 和图 6-1)，2016 年国庆节前夕再度开始调控房价。从此之后，严控房价成为我国房地产政策的主基调。到党的十九大前夕，习近平总书记提出了房子是用来住的，不是用来炒的，并写入党的十九大报告。2018 年 7 月 31 日召开的中央政治局会议也明确提出"坚决遏制房价上涨"，从十九届五中全会发布的《中共中央关于制定国民经济和社会发展第十四个五年规划和二〇三五年远景目标的建议》可以看出，"房住不炒"仍是未来房地产调控政策的主基调。

表 6-1　全国住宅商品房平均销售价格②

年份	商品房平均销售价格/(元/平方米)	住宅商品房平均销售价格/(元/平方米)
2013	6237	5850
2014	6324	5933
2015	6793	6473
2016	7476	7203
2017	7892	7614
2018	8726	8553

① 2010 年新"国十条"发布半年之后国务院联合相关部委再发布"新五条"对楼市进行调控。

② 国家统计局 https://data.stats.gov.cn/easyquery.htm? cn=C01&zb=A051L&sj=2020.

表6-1(续)

年份	商品房平均销售价格/(元/平方米)	住宅商品房平均销售价格/(元/平方米)
2019	9310	9287
2020	9860	9980

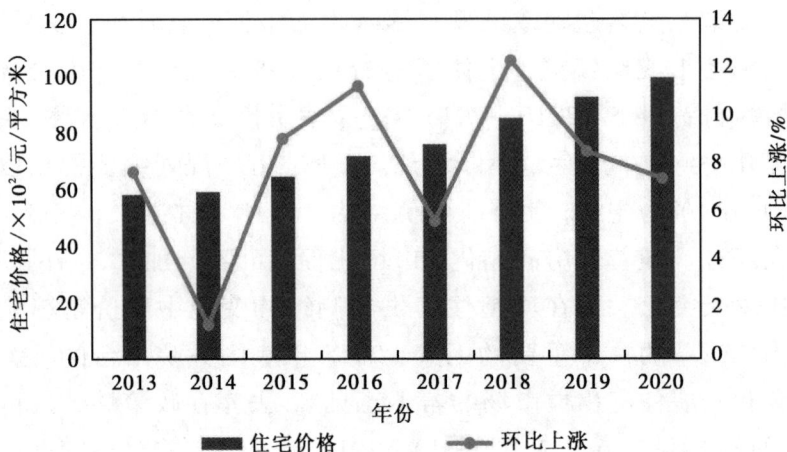

图6-1　全国住宅价格增长示意图(2013—2020)

　　根据上海易居研究院发布的《全国50城房价收入比研究》①数据显示：2020年，50城房价收入比均值为13.4，相比2019年的13.2上升了1.5%。从历史走势来看，2010—2015年，房价收入比持续回落；2016年，房价收入比开始快速回升至11.9，同比增速达15%；2017年，继续升至13.7，同比增速略有收窄；2018年，50城房价收入比与2017年持平；2019年，随着多数城市房地产市场的陆续降温，50城房价涨幅收窄，房价收入比小幅下降；2020年，受疫情影响，我国居民收入增速相比前几年出现了较大幅度的下滑，而在疫情后宽松的货币政策下，大部分城市房价都出现了一定程度的上涨，因此50城房价收入比出现了小幅反弹。

────────────

　　① 研究所选的50城包括4个一线城市：北京、上海、广州、深圳；13个强二线城市：重庆、天津、苏州、成都、武汉、杭州、南京、青岛、无锡、长沙、宁波、郑州、西安；20个弱二线城市：佛山、南通、东莞、福州、济南、烟台、合肥、大连、徐州、哈尔滨、沈阳、石家庄、南昌、昆明、厦门、南宁、太原、贵阳、乌鲁木齐、兰州；13个三四线城市：温州、扬州、洛阳、惠州、金华、宜昌、芜湖、珠海、莆田、日照、海口、韶关、三亚。

分城市类别来看，一线城市的房价收入比水平明显高于其他城市，2020年一线城市的房价涨幅最大，房价收入比在连续两年下降后再次上升。强二线城市、弱二线城市与三四线城市的房价收入比较为接近，2020年房价收入比分别为12、12.3和12.4，相比2019年均微幅上升。需要注意的是，三四线城市的房价收入比高于强二线城市和弱二线城市，而其城市经济基本面和人口吸引力均不如后两者，这说明当前部分三四线城市的房价透支程度高于二线城市(见表6-2和图6-2)。

表6-2 2020年全国50个典型城市房价收入比排名

城市	房价收入比	城市	房价收入比	城市	房价收入比
深圳	39.8	南宁	12.9	日照	10.2
三亚	27.1	太原	12.9	昆明	10.2
上海	26.2	天津	12.8	成都	10.1
北京	23.8	大连	12.7	哈尔滨	10.0
厦门	23.1	郑州	12.4	兰州	9.7
福州	19.5	温州	12.4	重庆	9.6
杭州	18.5	扬州	12.3	青岛	9.4
东莞	17.3	芜湖	11.9	宜昌	9.3
广州	16.7	武汉	11.7	惠州	9.2
珠海	16.1	莆田	11.7	沈阳	9.2
南京	15.4	佛山	11.5	洛阳	9.0
石家庄	15.0	徐州	11.5	乌鲁木齐	7.8
苏州	16.1	西安	10.7	贵阳	7.6
宁波	14.3	济南	10.5	烟台	7.5
海口	14.0	无锡	10.5	韶关	7.3
南通	13.9	金华	10.3	长沙	6.2
合肥	13.5	南昌	10.3		

数据来源：各地统计局、CRIC、易居研究院。

从以上数据发现，深圳、上海、北京一线城市居前列，三亚近些年以旅居地产跻身前三强。以深圳为例，2015年房价收入比为27.7，

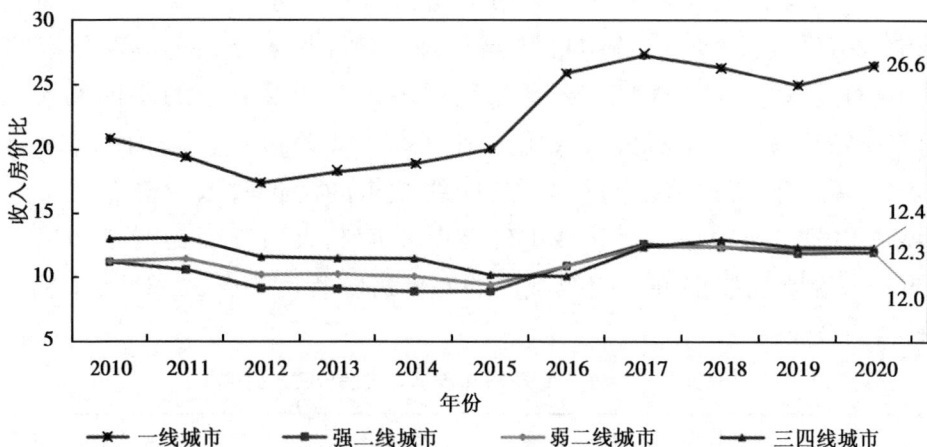

图 6-2　50 城分类后平均房价收入比①

2018 年为 34.2，2019 年为 35.2，2020 年为 39.8，数倍于一般城市。而长沙房价收入比一直较低，2020 年为 6.2。简单解释为：2020 年在深圳买房最难，举全家之力要将近 40 年才买得起一套房；在长沙最容易，全家 6.2 年的收入即可买得起一套房。

　　另外，还可以发现，大城市的房价多是由中等偏上的人群决定的。大城市的发展空间、新供用地已经很少了，但富裕人群还在不断集中，房价较容易被推高。换言之，房价与工资水平的关联度不高，而与城市对周围的辐射能力及汇集财富的能力有关。

6.1.2　住房市场供给总量失衡和结构失衡并存

　　我国的住房市场供给总量失衡和结构失衡并存的最主要表现是城镇住房总量处于一个供不应求状态，高档住房的供给相对充足，但是在低档住房特别是保障性住房的供给方面存在严重不足。在人均住房面积方面，和国家规定的人均 35 平方米的居住面积标准差距显著②。一方面是商品房的严重过剩，另一方面是廉租房和保障房数量的严重不足，供需矛盾严重，大量的新市民基本住房需求得不到满

---

① 数据来源：各地统计局、CRIC、易居研究院。
② 郑玉歆.为什么强化政府增加住房供给的责任[J].政府经济管理，2014(4)：1-8.

足。由于市场配置的作用，往往是那些高收入群体获得又大又好的住房，甚至用炒房的手段来谋取利润，住房资源闲置现象十分严重；而低收入群体特别是年轻人很难承担购房成本，居住条件亟需改善。

2020年全国各地区住宅价格与销售情况见表6-3。

表6-3　2020年全国各地区住宅价格与销售情况排序

地区	价格/(元/平方米)	排序	销售面积/万平方米	排序	销售额/亿元	排序
北　京	42684	1	733.59	30	3131.31	18
上　海	36741	2	1434.07	24	5268.85	10
浙　江	17645	3	8832.38	6	15584.82	3
海　南	16751	4	626.19	29	1048.92	26
天　津	16391	5	1220.74	26	2000.98	21
广　东	15335	6	12930.66	2	19829.63	1
江　苏	13011	7	13855.72	1	18027.33	2
福　建	12175	8	5210.03	13	6343.34	8
陕　西	9624	9	3902.4	17	3755.77	16
湖　北	9140	10	5960.08	10	5447.32	9
辽　宁	9034	11	3447.26	18	3114.41	19
重　庆	8917	12	4814.49	15	4293.18	14
西　藏	8824	13	81.62	31	72.03	31
山　东	8492	14	11904.74	4	10109.15	4
云　南	8267	15	4175.88	16	3542	17
河　北	8251	16	5572.25	12	4597.91	12
青　海	8164	17	420.64	17	343.42	30
四　川	8041	18	10902.37	5	9766.96	5
安　徽	7775	19	8695.35	7	6760.86	7
江　西	7560	20	5853.05	11	4425.19	13
吉　林	7488	21	1653.64	23	1238.23	24
黑龙江	7009	22	1349.86	25	946.15	28
山　西	6877	23	2549.49	19	1753.36	22
内蒙古	6654	24	1867.47	20	1242.58	23
河　南	6549	25	12831.18	3	8402.53	6
甘　肃	6467	26	1863.81	21	1205.42	25
宁　夏	6444	27	971.87	27	626.26	29
广　西	6331	28	6007.45	9	3803.55	15
湖　南	6141	29	8506.65	8	5223.56	11

表6-3(续)

地区	价格/(元/平方米)	排序	销售面积/万平方米	排序	销售额/亿元	排序
贵 州	5600	30	4929.93	14	2760.73	20
新 疆	5588	31	1773.61	22	991.08	27

资料来源:中华人民共和国国家统计局.中国统计年鉴 2020[M].北京:中国统计出版社,2021.

2013 年至 2020 年我国住宅价格也呈现出逐年上涨的状态(见表6-1),其中 2014 年的增幅较小,其他年份都达到了 5.6% 以上。2013 年房价上涨以后,各地产商进一步加强土地储备并占用了大量资金(见表 6-4),同时在市场上供大于求的情况下,只能通过降价回笼资金。2014 年伊始,杭州楼市"降价"引发全国主要大城市的房价下降,随后 2015 年的中央经济工作会议将化解房地产库存列为下一年结构性改革的五大任务之一。随后,市场价格在 2015—2017 年呈现快速上涨,2017 年到 2020 年则缓慢上涨。2013 年以来,各地区财政收入中土地出让金的比例依旧在高位,进一步加剧了地方财政依赖土地出让金的恶性循环(见表6-5)。

表 6-4　全国住宅施工和竣工变动情况(2013—2020)

年度	竣工价值/亿元	施工建筑面积/万平方米	竣工建筑面积/万平方米
2013	26805.38	665571.89	101434.99
2014	30261.99	726482.34	107459.05
2015	30552.38	735693.37	100039.10
2016	32252.13	758974.80	106127.71
2017	31512.46	781483.73	101486.41
2018	30309.07	822299.56	94421.15
2019	34045.9	893820.89	95941.53
2020	34493.83	926759.19	91218.23

资料来源:中国统计年鉴(2013—2020)。

表 6-5　我国地方财政收入和土地出让金比较(2013—2020)

年度	地方财政收入/亿元	增幅/%	土地出让金/亿元	增幅/%	土地出让金占比/%
2013	69011	10.6	39142	44.9	56.7
2014	75860	9.9	42606	8.8	56.2

表6-5(续)

年度	地方财政收入/亿元	增幅/%	土地出让金/亿元	增幅/%	土地出让金占比/%
2015	82983	9.4	32547	-23.6	39.2
2016	87195	5.1	37457	15.1	43.0
2017	91448	4.9	52059	39.0	56.9
2018	97905	7.1	65096	25.0	66.5
2019	101077	3.2	72517	11.4	71.7
2020	100124	-0.9	84142	16.0	84.0

资料来源:中央财政部。

6.2 供给侧改革模式下的租购并举制度发展

进入新时代,中国住房制度体系应当既符合中国特色社会主义市场经济制度,也符合中国特色社会主义基本经济制度,因此,改革的方向是:从系统全面完整的城镇住房制度体系着眼,构建新时代中国特色社会主义住房用地和住房基本制度;在此基础上,推进我国住房用地和住房的产权结构调整和升级。2016年的中央经济工作会议中首次提出建立租购并举的住房制度,并鼓励发展以住房租赁为主营业务的专业化企业。2017年5月住房城乡建设部公布的《住房租赁和销售管理条例(征求意见稿)》是我国首部专门针对住房租赁和销售的法规,非常有利于规范租赁市场各方行为,促进租赁市场快速、健康发展。租赁市场的顶层设计已基本完成,2016年5月国务院办公厅公布的《关于加快培育和发展住房租赁市场的若干意见》及2017年7月住房城乡建设部等九部委公布的《关于在人口净流入的大中城市加快发展住房租赁市场的通知》共同构成了租赁市场的顶层设计,分别从鼓励机构参与、增加供给、税收优惠、金融政策、加强监管五方面进行引导。"租购并举"的提出更是体现了政策端对租赁市场发展的利好态度。

6.2.1 既有住房基础制度缺陷

6.2.1.1 住房供应体系失衡与空间错配

一是城镇住房过度商品化而农村住房完全非商品化。在农村，按照一户一宅的原则，农民在乡镇政府审批的宅基地基础上建造住房，是通过集体组织无偿批地，农民自筹资金或政府援助建立的，从严格意义上说是一种保障房。农民住房没有完全产权，可以继承，但不能出售或抵押。但郊区集体组织和农民建造的小产权房甚至非法出售，事实上，这些都在占用享用更多的保障福利。以上情况的存在，导致了城乡之间住房保障与市场分割。城市居民不能在农村购买或者建设住房，城镇低收入居民无法转向农村享受农村保障性住房；从农村到达城镇的新市民无法享受城镇户籍人口购房优惠政策，无法获得与城镇户籍居民相同的住房保障。

二是城镇住房租售结构失衡。第七次人口普查数据显示：2020年城镇家庭居民住房自有化率为 74%[①]，租房比例为 21%，还有 5%以其他方式居住。城区住房实物保障覆盖面为 7.81%，镇区住房保障覆盖面为 6.05%；从保障方式看，2010 年到 2020 年，城镇家庭户中租赁式实物保障（租住廉租房和公租房）占比由 2.45%提高到 3.44%，产权式实物保障（购买经济适用住房和两限房）占比由 4.07%下降到 3.76%。北京、上海两市城镇的住房自有化率大幅低于全国平均水平，特别是镇区住房自有化率只是全国平均水平的 57%和 66%，反映了两市城区房价较高，镇区有大量出租住房的现实。呈现出在一、二线城市住房继续紧张的同时，三四线及以下城镇出现住房过剩的局面。与此同时，经测算全国农民工总量达 2.9 亿人，全国农村至少有 7000 万套闲置房屋，闲置宅基地面积达 3000 万亩左右[②]，而这种闲置还有继续增加的显著趋势。全国约有 73 亿平方米左右的小产权房处在非法出售或出租的状态。另外，据统计全国小

---

① 住房自有化率的计算公式为：住房自有化率＝（自建住房+购买商品房+购买二手房+购买经济适用住房+购买原公有住房）家庭户数/家庭总户数×100%。

② 徐永德.以农村宅基地改革推动乡村振兴[N].广安日报，2021-01-19(6).

产权房约为73亿平方米,约占住房总量的24%;商品房为112亿平方米,约为整体住房的38%。若一旦放开让小产权房自由上市,将对住房市场产生巨大冲击。

6.2.1.2 城镇保障性住房产权结构模糊

城镇保障性住房产权结构模糊,城镇商品住房产权结构单一。预售开发制度导致开发企业缺乏风险约束和质量意识,城乡住房监管制度缺位;住房租赁的基础制度没有建立。预售制度下少有持有住房的租赁企业,缺乏有效的租户利益保障制度导致不愿租房,城镇租赁市场十分落后。调节性制度缺位导致投资、投机和资源占用不公平,一些行政制度限制了合理消费,过滤机制缺乏导致住房供求错配;实物分配制度造成城镇住房保障腐败、高成本和供求错配。缺乏增长机制的住房货币化补贴制度,无法对保障对象提供持续的住房保障。缺乏增长机制的住房货币化工资制度,难以支撑职工通过市场解决住房问题。

6.2.1.3 土地金融财税等配套制度缺失

土地制度方面,土地制度支持了土地炒作,一定程度影响了新市民在城镇解决住房问题。一方面城镇土地由地方政府行政垄断,土地拍卖制度造成"地王"频出,进而导致商品住房用地高价,保障性住房用地短缺。另一方面,农村土地产权制度不健全,建设用地和宅基地权能不完整,农地交易制度没建立,无法与城市土地同等入市、同权同价,农村土地无法作为保障性住房建设用地的补充。

金融制度方面,在城镇,商品房开发租赁的融资渠道比较单一,商品房消费融资排斥非户籍常住人口,抵押贷款证券化没有建立。既有的公积金制度设计与管理模式没有覆盖新市民,缺乏异地接续和存取的制度,导致了效果上的"劫贫济富"。在农村,住房商业性和政策性住房金融制度还基本不存在。农民及流入到城镇的新市民在输出地办理以土地、住房等固定资产抵押获取贷款还存在着制度障碍;而不完善的金融监管、不规范的金融制度、不规则的金融政策优惠支持了炒房行为。

财税制度方面,城镇房地产税结构不合理,流转环节税费种类繁多且重复,保有环节税缺失,城镇保障性住房投资、融资和消费的税费减免不规范。中央与地方就解决住房问题还没有形成合理的制度安排，中央转移支付与新市民迁入挂钩的机制还没有建立。新市民因户籍制度问题受到歧视与不公正待遇，无法享受与城镇户籍居民同样的住房保障和服务待遇。行政管理体制有待完善，产权管理、市场监管、宏观调控与住房保障等制度亟待健全。

6.2.2 多元供给模式下的住房调控制度

党的十八大以来，为解决困难群众住房问题，党中央、国务院出台了一系列财政补助、土地优先供应、信贷扶持、税费减免等支持政策，大力发展保障性安居工程，统筹推进住房保障工作。经过多年的发展，住房保障政策体系日益完善，建立了上下联动、齐抓共管的工作机制，完善了财政、土地、金融和税费减免等支持政策。以2012年党的十八大为标志，中国经济发展进入新时代。新时代的主要矛盾已经转变为人民日益增长的美好生活需要和不平衡不充分的发展之间的矛盾，我国经济发展已经由高速度增长转向高质量发展阶段。党的十八大报告中，提出要"建立市场配置和政府保障相结合的住房制度，加强保障性住房建设和管理，满足困难家庭基本需求"。这也是"保障性住房建设"首次被写入党代会报告。适应新时代，我国城镇住房供给理念和政策也进行了新的调整，主要表现为共有产权房试点、租购并举、集体土地上允许建造租赁房和"房子是用来住的，不是用来炒的"的定位。

6.2.2.1 房地产市场整体发展

2013年2月，《国务院办公厅关于继续做好房地产市场调控工作的通知》（国办发〔2013〕17号）中指出，要认真落实省级人民政府负总责、城市人民政府抓落实的稳定房价工作责任制，继续严格执行商品住房限购措施，保持合理、稳定的住房用地供应规模，全面落实2013年城镇保障性安居工程基本建成470万套、新开工630万套的任务，稳步推进商品房预售制度改革。

2016年10月，《住房城乡建设部关于进一步规范房地产开发企业经营行为维护房地产市场秩序的通知》中指出，房地产开发企业要遵纪守法，诚实守信，恪守对消费者在商品和服务质量方面的承诺；

要发布真实房源信息和广告,严格执行商品房销售的有关规定,实行明码标价制度,维护消费者合法权益;要接受政府和公众监督,积极履行企业社会责任,通过向消费者提供优质的商品和服务赢得市场。

2017年党的十九大报告中指出,坚持"房子是用来住的、不是用来炒的"的定位,加快建立多主体供给、多渠道保障、租购并举的住房制度,让全体人民住有所居。

2018年5月,《关于进一步做好房地产市场调控工作有关问题的通知》中进一步明确"房子是用来住的,不是用来炒的",要认真落实稳房价、控租金,降杠杆、防风险,调结构、稳预期的目标任务,支持刚性居住需求,坚决遏制投机炒房。

2018年7月,中央政治局会议进一步要求"下决心解决好房地产市场问题,坚持因城施策,促进供求平衡,合理引导预期,整治市场秩序,坚决遏制房价上涨。加快建立促进房地产市场平稳健康发展的长效机制"。国家发展改革委和银保监会随即明确表示,严禁"首付贷"和消费贷资金流入房地产市场,坚决遏制房地产泡沫化。

2018年的中央经济工作会议指出"经济运行稳中有变、变中有忧,外部环境复杂严峻,经济面临下行压力",要求"稳就业、稳金融、稳外贸、稳外资、稳投资、稳预期","构建房地产市场健康发展长效机制"。

2019年1月,中国人民银行决定"下调金融机构存款准备金率1个百分点",此次降准将释放资金约1.5万亿元。同时,北上广深一线城市的首套房利率均出现回落。地方层面上,多地出台新规,放松限售、限购、限价政策,房地产市场又进入了稳定期。

2019年中央经济工作会议中指出"要构建房地产市场健康发展长效机制,坚持房子是用来住的、不是用来炒的定位,因城施策、分类指导,夯实城市政府主体责任,完善住房市场体系和住房保障体系"。随后,住房城乡建设部在年度工作会议上明确要"稳地价、稳房价、稳预期"。

6.2.2.2 公租房与住房租赁

2013年12月,《关于公共租赁住房和廉租住房并轨运行的通知》中指出,公共租赁住房和廉租住房并轨运行是完善住房保障制度体系，提高保障性住房资源配置效率的有效措施；是改善住房保障公共服务的重要途径；是维护社会公平正义的具体举措。各地要进一步加强领导，精心组织，完善住房保障机构，充实人员，落实经费，理顺体制机制，扎实有序推进并轨运行工作。

从 2014 年起，国内公共租赁住房和廉租住房并轨运行，并轨后统称为公共租赁住房。并轨后公共租赁住房的保障对象，包括原廉租住房保障对象和原公共租赁住房保障对象，即符合规定条件的城镇低收入住房困难家庭、中等偏下收入住房困难家庭，以及符合规定条件的新就业无房职工、稳定就业的外来务工人员。

2015 年 1 月，《关于加快培育和发展住房租赁市场的指导意见》中指出，住房租赁市场是我国住房供应体系的重要组成部分，在经济社会发展中起到十分重要的作用。没有发育完善的租赁市场，住房供应体系就不完整，居民对住房的合理消费就得不到满足，住有所居的目标就难以实现，人口有序流动就会受到制约，承租人的合法权益就难以得到保障，大量的存量房源就得不到充分利用。

2016 年 6 月，《关于加快培育和发展住房租赁市场的若干意见》（国办发〔2016〕39 号）中指出，以建立购租并举的住房制度为主要方向，健全以市场配置为主、政府提供基本保障的住房租赁体系。支持住房租赁消费，促进住房租赁市场健康发展。

2017 年 7 月，《关于在人口净流入的大中城市加快发展住房租赁市场的通知》中指出，鼓励各地通过新增用地建设租赁住房，在新建商品住房项目中配建租赁住房等方式，多渠道增加新建租赁住房供应，优先面向公租房保障对象和新市民供应。按照国土资源部、住房城乡建设部的统一工作部署，超大城市、特大城市可开展利用集体建设用地建设租赁住房试点工作。

2019 年 5 月，《关于进一步规范发展公租房的意见》中指出，进一步规范发展公租房，努力实现本地区低保、低收入住房困难家庭应保尽保，城镇中等偏下收入住房困难家庭在合理的轮候期内得到保障，促进解决新就业无房职工和在城镇稳定就业外来务工人员等新市民的住房困难，不断增强困难群众对住房保障的获得感、幸福感和安全感。

2019 年 12 月,《关于整顿规范住房租赁市场秩序的意见》中指出,各地要以《意见》出台为契机,把"当下改"和"长久立"结合起来,坚持住房城乡建设、发展改革、公安、市场监管、银保监、网信等部门联合监管工作机制,加大监管力度,持续整顿规范住房租赁市场秩序,不断优化住房租赁市场环境,让群众租房更安心。

2020 年 12 月中央经济工作会议中指出,在重提"房子是用来住的、不是用来炒的"的同时,重点强调要规范发展住房租赁市场,明确解决好大城市住房突出问题。

6.2.2.3 完善住房保障的政策

2012 年党的十八大报告中指出建立市场配置和政府保障相结合的住房制度,加强保障性住房建设和管理,满足困难家庭基本需求。

2012 年 12 月,中央经济工作会议中指出,要继续坚持房地产市场调控政策不动摇;要继续加强保障性住房建设和管理,加快棚户区改造。

2013 年 10 月,中央政治局集体学习中指出:加快推进住房保障和供应体系建设,满足群众基本住房需求、实现全体人民住有所居目标;构建以政府为主提供基本保障、以市场为主满足多层次需求的住房体系;要处理好政府提供公共服务和市场化的关系、住房保障和防止福利陷阱的关系、住房发展的经济功能和社会功能的关系、需要和可能的关系。

2013 年 11 月,党的十八届三中全会中指出,健全符合国情的住房保障和供应体系,建立公开规范的住房公积金制度,改进住房公积金提取、使用、监管机制。

2015 年中央经济工作会议中指出,要按照加快提高户籍人口城镇化率和深化住房制度改革的要求,通过加快农民工市民化,扩大有效需求,打通供需通道,消化库存,稳定房地产市场;明确深化住房制度改革方向,以满足新市民住房需求为主要出发点,以建立购租并举的住房制度为主要方向,把公租房扩大到非户籍人口。

2015 年 12 月,中央城市工作会议中指出,要深化城镇住房制度改革,继续完善住房保障体系,加快城镇棚户区和危房改造,加快老旧小区改造。

2016 年 3 月，"十三五"规划纲要中指出，构建以政府为主提供基本保障、以市场为主满足多层次需求的住房供应体系，优化住房供需结构，稳步提高居民住房水平，更好保障住有所居；以解决城镇新居民住房需求为主要出发点，以建立购租并举的住房制度为主要方向，深化住房制度改革；多渠道筹集公共租赁房房源。实行实物保障与货币补贴并举，逐步加大租赁补贴发放力度。

2016 年 12 月，中央经济工作会议中指出，促进房地产市场平稳健康发展。要坚持"房子是用来住的、不是用来炒的"的定位，综合运用金融、土地、财税、投资、立法等手段，加快研究建立符合国情、适应市场规律的基础性制度和长效机制，既抑制房地产泡沫，又防止出现大起大落。

2017 年 10 月，党的十九大报告中提出加快建立多主体供给、多渠道保障、租购并举的住房制度，让全体人民住有所居。

2018 年 12 月中央经济工作会议中指出，加快建立多主体供应、多渠道保障、租购并举的住房制度。要发展住房租赁市场特别是长期租赁，保护租赁利益相关方合法权益，支持专业化、机构化住房租赁企业发展。完善促进房地产市场平稳健康发展的长效机制，保持房地产市场调控政策连续性和稳定性，分清中央和地方事权，实行差别化调控。

6.2.3　保障性租赁住房的市场补给

2016 年 5 月，国务院《关于加快培育和发展住房租赁市场的若干意见》指出，以建立租购并举的城镇住房制度为主要方向，健全以市场配置为主、政府提供基本保障的住房租赁体系，并于 2017 年 7 月出台政策试点文件，强调通过部分城市的试点，形成一批可复制、可推广的试点成果进行推广，以充分培育和发展住房租赁市场。"租购并举"是实现多主体供给、多渠道保障的一个重要思路，也是许多市场经济国家住房制度的常态。

6.2.3.1　公共租赁住房和廉租住房并轨

作为保障性住房的重要组成部分，廉租住房和公共租赁住房在发挥重要作用的同时，在平行运行过程中也出现了一些问题：一是两者虽都属于租赁型保障房，但面向的群体不完全一样，申请人容易混淆；二是住房保障需求和供应是一个动态的过程，近年来部分地方出现了保障房与保障对象不相匹配的情况；三是平行运行不利于两项制度间的政策衔接，给老百姓造成不必要的麻烦。2010 年以来，国内一些城市在廉租住房和公共租赁住房统筹建设、并轨运行方面作出了积极探索。2013 年，在总结各地经验的基础上，住房城乡建设部根据《国务院批转国家发展改革委关于 2013 年深化经济体制改革重点工作意见的通知》和《关于保障性安居工程建设和管理的指导意见》等文件精神，会同财政部和国家发展改革委起草了《关于公共租赁住房和廉租住房并轨运行的通知》。

根据通知要求，从 2014 年起，廉租住房将并入公共租赁住房，合并后统称公共租赁住房。廉租住房建设计划将（含购改租等筹集方式）统一并入公共租赁住房年度建设计划，此前已经列入廉租住房建设计划的项目继续建设，建成后全部纳入公共租赁住房进行管理。同时，还要求各地整合原有的管理资源，建立统一的申请受理渠道、审核准入程序，方便群众申请，提高工作效率。各地要根据房源情况，综合考虑保障对象的住房困难、收入水平、申请顺序、保障需求等因素，合理确定轮候排序的规则。

6.2.3.2 新市民、新青年的住房保障

根据第七次人口普查结果显示，2020 年全国流动人口为 3.76 亿人，10 年间增长了将近 70%。我国的住房问题已从总量短缺转为结构性供给不足，当前住房矛盾主要集中在一些人口净流入的大城市，适合新市民、新青年等群体租住的房源缺少，住房困难问题突出，迫切需要提供与其支付能力、居住需求相匹配的保障性租赁住房。2019 年底以来，住房城乡建设部部署在沈阳、南京、苏州、杭州、合肥、福州、济南、青岛、郑州、长沙、广州、深圳、重庆等 13 个城市开展完善住房保障体系试点工作，重点是发展主要利用存量土地和房屋建设的、面向新市民的小户型、低租金租赁住房，初步探索出一些经验，但普遍面临土地、规划、审批以及运行收支难以平衡等方面困难。

2021 年，为有效解决新市民、新青年等群体住房困难问题，为加

快完善以公租房、保障性租赁住房和共有产权住房为主体的住房保障体系，国务院办公厅发布了《关于加快发展保障性租赁住房的意见》。该意见提出了明确对象标准、引导多方参与、坚持供需匹配、严格监督管理、落实地方责任五项基础制度。意见明确提出，保障性租赁住房主要解决符合条件的新市民、青年人等群体的住房困难问题，以建筑面积不超过 70 平方米的小户型为主，租金低于同地段同品质市场租赁住房租金。同时，该意见将充分调动起农村集体经济组织、企事业单位、工业园区、房地产开发企业等市场主体的积极性，盘活土地和房屋存量，形成多主体共同参与、共同供给的良好局面，有利于破解发展保障性租赁住房中普遍面临的项目获取难、土地成本过高、收益难平衡等问题。

6.2.3.3 对公租房等保障制度的有效扩充

与此前公租房等保障性住房相比，保障性租赁住房有几个明显的政策特点。首先，公租房主要保障对象是城镇住房、收入"双困难"家庭，而保障性租赁住房重点是在人口净流入的大城市，解决新市民、青年人的阶段性住房困难问题。保障性租赁住房坚持小户型、低租金。原则上，户籍所在地、收入水平这些公租房的传统准入标准，都不会成为保障性租赁住房的限制。比如，刚毕业工作的大学生可能不符合公租房的收入准入标准，但住房存在困难，就可能成为保障性租赁住房的保障对象。其次，公租房主要是由政府投资建设或发放货币补贴，而保障性租赁住房要充分发挥市场机制作用，鼓励多方参与，引导多主体投资、多渠道供给。最后，对保障性租赁住房的政策支持力度明显强于之前各类保障性住房。尤其在金融领域，支持符合条件的保障性租赁住房项目申报基础设施不动产投资信托基金（REITs）。

根据住房城乡建设部公布的数据，"十四五"期间，全国计划筹集建设保障性租赁住房 870 万套，其中人口净流入较多的 40 个重点城市计划筹集保障性租赁住房 650 万套。2021 年至 2022 年，全国已筹集建设保障性租赁住房约 360 万套，"十四五"目标完成率约 40%。住房城乡建设部在工作会议上提出，大力增加保障性租赁住房供给，扎实推进棚户区改造，新开工建设筹集保障性租赁住房、公租房、共有产权房等各类保障性住房和棚改安置住房 360 万套（间）。

6.2.3.4　长租房市场形态持续丰富

自国家大力支持住房租赁市场开始，以长租房为代表的住房租赁市场成为国家解决城镇居民住房问题的手段。2017 年国家在广州等 12 个城市进行发展租赁市场试点，广州率先提出"租售同权"政策，紧接着 50 多个城市围绕培育住房租赁企业、建立住房租赁平台、完善租赁法律法规等方面出台发展租赁政策。

政策的不断完善使得具有中国特色的住房租赁发展模式正在形成，即以品质供给为基石，由"金融推力""多元主体"两轮驱动，尤其是保障性租赁住房公募 REITs 机制的完善，为行业参与者提供了一条清晰的发展路径。由于我国住房租赁市场多层级、广规模的特点，开发及运营主体也呈现多元化趋势。多元化的经营主体有助于在不同的城市，有针对性提供适配当地需求的产品。从供给端的多元参与度来看，近年来，地产系、中介系、金融系等各类企业布局住房租赁业务的积极性明显提升，长租公寓产品线逐渐丰富，住房租赁市场环境与产品品质得到明显改善。

在保障性租赁住房支持政策推动下，市场化长租公寓企业也积极参与到保障性租赁住房的建设运营中来。数据显示，万科从 2015 年开始探索长租公寓业务，2016 年将全国的青年长租公寓品牌统一为"泊寓"，目前在 33 个城市运营管理长租公寓 21.5 万间，开业 16.7 万间，累计服务超 60 万人；2016 年，龙湖集团推出集中式长租公寓品牌龙湖冠寓，截至 2022 年末，冠寓在全国范围内开业 11.6 万间，管理规模超过 16 万间，累计服务近 50 万人；此外，华润有巢已有 1.1 万间房源纳入保障性租赁住房，瓴寓国际有 1 万套开业房源计划申请纳入保障性租赁住房体系。

"青年公寓、租赁式社区、宿舍型公寓这三类以新市民和青年人为主要客群的产品，都会有相当一部分项目进入保障性租赁住房行列。中高端公寓面向的客群具有较强的支付能力，租金水平高、项目出租率和续约率能稳定在较高水平，基本以市场化运作为主。"未来可以进一步释放租房人群的消费潜能，形成"租住+投资""租住+消费"的多元场景。

6.3 多渠道保障下住房保障制度变迁

租购并举就是要以满足居民多层次的居住需求为出发点，在限制炒房、支持合理自住购房的同时，从供给侧推动住房市场长效机制建设，打破"重售轻租"的市场结构以及"购"热"租"弱的需求结构，消除对住房租赁消费的制度性歧视；大力培育和发展住房租赁特别是长期租赁市场，保护租赁利益相关方合法权益，支持专业化、机构化住房租赁企业发展，加快形成供应主体多元、经营服务规范、租赁关系稳定的住房租赁市场体系，为居民营造出可以自由选择租赁或购买住房的市场环境。

6.3.1 多元化产权性质的房屋共存

2021年7月，国务院办公厅发布了《关于加快发展保障性租赁住房的意见》，这是我国第一次明确了国家层面的住房保障体系的顶层设计。从此也明确了我国的住房保障体系，以公租房、保障性租赁住房和共有产权住房为主体。至此，我国多元化住房保障体系基本稳定。

6.3.1.1 房改房

房改房也称为已购公房，是职工根据国家城镇住房制度改革规定和县级以上地方人民政府的有关政策，按照成本价或者标准优惠价购买的已建公有住房。它的来源则是原产权单位的公有住房。一般来说，职工个人取得房改房产权时支付的价款都不是房屋的市场价，而是标准价或者成本价。从房屋产权角度来看，职工以标准价取得的产权只有部分产权，与出售单位构成共有关系，以成本价取得的产权是完全产权，房屋归职工个人所有。

6.3.1.2 商品房

商品房是指在市场经济条件下，经政府有关部门批准，由房地产开发经营公司通过出让方式取得土地使用权后开发经营的住宅，它属于商品。它来源于具有经营性质的房地产开发商建成的房屋，其销售只能由房地产开发企业进行，价格必须是房地产开发商在法律法规的规定下，结合市场经济供求关系决定，它纯粹是市场经济条件下的"商品"，不属于政策性住房。而房屋的土地来源是通过出让方式取得土地使用权。它出售时公开面向社会所有公民。

商品房可以按照国家法律、法规，在市场上进行自由交易买卖，购买者可根据自己的购买力，选择房屋的位置、楼层、结构和面积大小等。房屋产权由房屋所有权和土地使用权两部分组成，房屋所有权的期限为永久，而土地使用权根据有关法规为 40、50 或 70 年不等。

6.3.1.3　公租房

公租房是指由国家提供政策支持，各种社会主体通过新建或者其他方式筹集房源、专门面向中低收入群体出租的保障性住房，主要面向的对象是城镇住房、收入困难家庭。公租房有两种方式，一种是实物保障，一种是货币补贴。符合这个条件的保障对象，向政府申请，政府既可以提供实物的公租房，也可以给予货币补贴。实物的公租房，一般在 60 平方米以下，货币补贴的具体标准也是由各个市县人民政府规定。公租房是列入国家基本公共服务标准的内容，各地要继续执行好公租房的政策规定，进一步完善相关制度，要在合理轮候期内解决公租房申请人的保障问题。

公租房租期一般是 3~5 年，租期届满后，若需继续租住，需重新提交租住公租房的申请，并提供相关机构的审核。但是，近年来有部分地区规定，政府建设和筹集的公共租赁住房，当承租人租住满 5 年，然后经过市政府的批准准予出售的，可以申请购买。同时，一些出售的公共租赁住房自购房人办理完房地产登记之日起的 5 年内，是不得上市交易的。

6.3.1.4　共有产权住房

共有产权住房，即政府与购房者共同承担住房建设资金，分配时在合同中明确共有双方的资金数额及将来退出过程中所承担的权利义务；退出时由政府回购，购房者只能获得自己资产数额部分的变现，从而实现保障住房的封闭运行。

2014 年 11 月，中共中央下发文件，针对农村土地提出了集体所有权、承包权和经营权进行分离的政策。2017 年 9 月,北京出台《共有产权住房管理暂行办法》,由地方政府与保障对象共同拥有房屋完整产权,并各自占据相应产权份额,在"产权"理论范畴内扩充了我国现有的房屋产权束。与以往的经济适用住房、限价住房不同,共有产权住房是一种有限产权住房。政府和购买者将共同分享土地和房屋的增值收益,也共同承担土地和房屋贬值带来的风险。

共有产权的核心是购房者和政府共同拥有房屋产权,以后可向政府"赎回"产权。共有产权的创新点就是政府参与产权的分配,按一定的产权比例与居民家庭共同拥有产权[①]。共有产权住房有两个直接作用,一个是通过共有产权的方式,使得部分群众自己支付一部分钱解决住房问题;另一个是规范经济适用住房和限价商品住房制度,遏制在购置型的保障房里的牟利空间,使得买房子是解决住房问题,而非投机牟利。它还能在一定程度上平抑高房价。

6.3.2 住房租赁市场的探索和发展

党的十九大报告明确指出:"加快建立多主体供给、多渠道保障、租购并举的住房制度,让全体人民住有所居。"自住房制度改革以来,中国住房市场发展不平衡、不充分,住房租赁市场的发展远落后于住房销售市场,且存在着发展不规范、总体规模小、租赁双方权利义务不对等、市场秩序失范等问题。为此,2016 年 5 月,国务院《关于加快培育和发展住房租赁市场的若干意见》指出,以建立租购并举的城镇住房制度为主要方向,健全以市场配置为主、政府提供基本保障的住房租赁体系,并于 2017 年 7 月出台政策试点文件,强调通过部分城市的试点,形成一批可复制、可推广的试点成果进行推广,以充分培育和发展住房租赁市场。

6.3.2.1 租房制度与租购同权

首先是土地供应的来源,把因经济结构变迁而低效闲置的工商业用地,在符合空间规划的前提下盘活利用起来,是这一时期土地供应的主要方式。有助于推进城市再建设,但土地复合开发利用涉及

---

① 刘继光,杨祥雪."小产权房"问题的成因及解决思路[J].宏观经济管理,2019(2):73-78.

的多个政策之间其实是有矛盾的，实施难度较大，具体还是要看政府如何去推进这个改革。其次是完善租房制度，推进租购同权，这对年轻群体的购房理念造成一定冲击，让一部分购买力较差的客群宁愿选择租房，也不愿意承担过高的房贷压力，间接影响到新房市场的需求。最后是鼓励开发商自持部分住房运营，探索建立住房租赁的完整运营模式，这和租房制度的完善其实是相辅相成的。

6.3.2.2　省级推广与发展

2016 年 5 月《关于加快培育和发展住房租赁市场的若干意见》明确指出，"省级人民政府要加强本地区住房租赁市场管理，加强工作指导，研究解决重点、难点问题。"截至 2017 年 1 月，20 个省、自治区、直辖市密集出台了住房租赁政策，即在半年时间内政策在64.5%的省级政府间完成了扩散。此后，自 2017 年 2 月至 2018 年 1月，其他 10 个省（区、市）也相继颁布相关政策。由此可见，在中央政府的持续政策引导和宣传推介下，住房租赁政策仅用一年时间就基本完成了省际扩散。在空间演进上，政策最早扩散至中国中西部省区，而直辖市及东部发达地区出台政策时间却相对滞后。

6.3.2.3　重点城市试点发展

2017 年 7 月，住房城乡建设部、发展改革委等九部委下发了《关于在人口净流入的大中城市加快发展住房租赁市场的通知》，将广州、深圳等 12 个城市列入首批开展住房租赁试点城市名单。随后，试点城市基本于 2017 年内出台了相关政策。2017 年 8 月，国土资源部与住房城乡建设部出台《利用集体建设用地建设租赁住房试点方案》，确立北京、上海等 13 个试点城市。在该阶段，中央各部委通过用地、融资、监管等多种形式支持住房租赁市场的发展。多个试点城市逐步落实和细化相关政策，明确住房租赁市场发展的目标和规划，通过多种途径增加住房租赁有效供给，强化租赁市场监管。由此可见，国家通过出台政策试点文件有力地推动了住房租赁政策在市级政府间的扩散。

6.3.2.4　市级大范围扩散

2017 年 7 月以来，市级住房租赁政策数量有了大幅度的提升，实现了政策在市级政府间的大范围扩散，不仅是试点城市相继出台了富有创新性的住房租赁政策，而且一些非试点城市也纷纷出台相关政策。截至 2020 年，据不完全统计，已有 133 个城市出台了住房租赁政策，其中在国家政策试点文件出台后，出台政策的城市达 119 个，部分城市甚至接连出台多个政策。

住房租赁政策是偏向于社会属性的住房政策，尽管住房租赁政策包含培育和发展市场等相关政策工具，但其本质是为了大力推进"租购并举"，建立健全房地产市场长效机制，缓解房价上行压力，合理引导住房需求，解决中低收入者的居住问题，促进"住有所居"目标的实现。与房地产政策相比，其经济收益小，社会效益大，因而地方采纳意愿较弱，由此形成了央地隐性的博弈机制。就中央层面而言，颁布住房租赁政策，主要指向于发挥其社会效用。然而在市级政府层面，一是发展住房租赁市场意味着地方政府需要低价出让土地以吸引房地产企业建设租赁住房，然而地方政府的主要收入来源为土地财政，采纳住房租赁政策将极大减少政府的收入并不利于实现土地市场化，是无法在短期内为政府带来政治经济绩效的；二是住房租赁政策的实施依赖于地方财政支出，租赁住房的新建、租赁市场的规制以及租赁住房背后公共资源及服务的配套等意味着大量地方财政的投入，而住房租赁市场建设周期长、见效慢、牵涉面大、耗时耗力，收益远不如住房销售市场，地方政府将其视为沉重负担；三是在发展住房租赁市场的同时，将不可避免地挤压住房销售市场，影响房价的高位运行。显而易见，在发展住房租赁上，中央与地方利益目标函数并不完全一致，地方政府负向激励感知迟滞了其政策采纳行为[1]。

2017 年 8 月，《利用集体建设用地建设租赁住房试点方案》印发，允许北京等 13 个城市在符合规划要求的存量集体建设用地上，由村镇集体经济组织建设运营集体租赁住房；2019 年，又确认青岛等 5 个城市为第二批试点。这一政策的实施，拓展了居住用地的供应主体，进一步赋予集体土地开发权能，是构建城乡统一建设用地市场的重要举措。实际上，早在 2011 年，北京市就成为全国第一批利用集

---

① 吴宾，齐昕.政策扩散阻滞　何以发生又如何消解?：自 2016—2019 年中国住房租赁政策的观察[J].公共行政评论，2020，13(5)：44-64，205-206.

体土地增加住房供给、完善住房保障体系的试点城市。截至 2016 年底，北京市已先后启动了 5 个试点项目，涉及集体建设用地 38 公顷。2017 年，北京市提出要在未来 5 年内供应 1000 公顷集体建设用地用于保障性住房建设需求。在北京城市扩张的背景下，已经获得部分土地增值收益完成资金积累的村民，期待通过集体土地权能的进一步释放，深度参与到土地的开发和经营中，获得更为长期稳定的土地收益。集体建设用地建设租赁住房试点政策的实施，既满足了城市住房保障体系建设的需要，又赋予集体土地更多样的利用方式，为盘活集体土地资产、实现城乡融合发展提供了可行路径①。

6.3.3 产权式保障向租赁式保障过渡

经济适用住房、公共租赁住房、廉租住房曾被称作保障性住房供应体系的"三驾马车"；直到 2021 年，我国正式提出住房保障体系转变为以公租房、保障性租赁住房和共有产权住房为主体。其中，经济适用住房由政府组织房地产开发企业或由集资建房单位建造，以"微利价"向城镇中低收入家庭出售，是解决城市中低收入家庭住房问题的有效途径之一。1994 年出台的《国务院关于深化城镇住房制度改革的决定》中，提出"房地产开发公司每年的建房总量中，经济适用住房要占 20% 以上"。1998 年，国务院出台《国务院关于深化城镇住房制度改革加快住房建设的通知》，提出"建立和完善以经济适用住房为主的住房供应体系"。2007 年 8 月，《国务院关于解决城市低收入家庭住房困难的若干意见》出台，同年 12 月建设部等七部门联合发布《经济适用住房管理办法》，明确强调经济适用住房制度是解决城市低收入家庭住房困难政策体系的组成部分。

经济适用住房制度的实施在设立之初对于加快住房制度改革的进程具有重要的现实意义。经历了 10 多年房地产市场的迅猛发展，经济适用住房制度已难以满足当前政策背景和市场发展提出的新要求。制度本身的保障性质也被大量出现的现实性和尖锐性问题埋没，

---

① 吴克宁，冯喆，黄保华.北京市集体建设用地建设租赁住房试点典型实例调查[J].中国土地，2019(6)：22-24.

尤其是经济适用住房建设过程中产生的利益分配不公和寻租行为，直接导致部分社会舆论对经济适用住房的态度由观望变为质疑进而否定。2012 年以后，关于经济适用住房的有关讨论越来越多，有些学者认为让经济适用住房制度退出历史舞台的时机已经成熟，经济适用住房制度已不能适应当前的住房市场的要求，其不但不能很好地起到住房保障的政策目标，而且衍生出诸多的现实性问题，完全背离了经济适用住房制度的初衷。从转移支付的角度，经济适用住房制度是一种间接性的转移支付手段，对受益人群带来的效益逐渐被寻租成本抵消，这将引起更大的社会不公平，无论是从经济的健康发展角度还是从构建和谐社会角度，经济适用住房制度的负外部性都是巨大的阻碍。

随后，经济适用住房逐渐退出了住房保障体系。同时，2014 年起廉租住房并入公共租赁住房。至此，公租房、保障性租赁住房和共有产权住房为主体的住房保障体系逐步形成。保障性住房体系是否转变，归根结底就是要解决保障群体的"居者有其屋"还是"居者有其产"的问题。从中国传统思想观念影响和构建和谐社会要求着眼，"居有其产"是每个家庭的梦想，但我国特有的发展阶段和发展形势决定了实现这一美好愿景在当前有一定的困难和障碍。

6.3.4 住房保障体系变革的路径特征

在反思经济适用住房制度在实施过程中所出现的诸多问题的同时，更应该站在理性的角度去看一种制度的变迁。是制度本身的问题还是制度执行过程中的问题，同一政策在不同的政策执行环境下，不同的政策执行主体下，不同的政策监管体系下，产生的政策效果是不同的。不能单凭现实政策效果来决定一种制度的命运，而是要追根溯源，从制度本身出发，来探讨政策执行过程中各环节之间的关系及相互衔接的问题。当前审视经济适用住房制度，必须尊重历史，面对现实，着眼长远。

不管是经济适用住房制度还是公共租赁住房制度，如果在实施时缺乏市场机制，根据组织有限理性理论，计划与命令式的管理弊端将依旧存在，也难以消除部分项目使用低效的矛盾。且单纯的保障方式改革如果没有引入激励机制，也就难以推动更多资源进入住房保障领域。

保障性住房供应体系的转变是我国城镇住房保障制度不断完善的集中表现。在保障性住房发展的不同阶段，结合新型城镇化建设的步伐，适时进行政策的调整是政府与时俱进、开拓创新的重要体现。但同时需要清醒地认识到：地区资源禀赋、产业结构和经济发展水平的差异对保障性住房的供给和需求具有明显的层级性，无论是产权式保障还是租赁式保障都应该根据区域自身的发展情况，因地制宜实行差别化的保障性住房供应体系，制定适合本地区发展实际的保障性住房政策，多元化的住房保障方式更能满足保障对象多元化的住房需求。对待产权式保障和租赁式保障不能简单地进行"存废"之争，而是要考虑如何使之相得益彰，共同发展。在城镇化进程日益加快的今天，我国城镇住房产权制度的改革依然任重而道远。

6.4 小结

自 2013 年以来，城镇住房产权改革和演进推动了我国房地产市场的培育和繁荣，在很大程度上改善了民生。但是，也带来了商品住房价格高、负担重、购房难、住房难等问题，也体现出城镇住房产权改革的过度私有化已经带来了一些负面效应。此外，保障性住房成为了居民"居者有其屋"的补充路径。随着经济适用住房逐渐退出，我国住房保障体系也转变为以公租房、保障性租赁住房和共有产权住房为主体的模式。这种多层次、多渠道的住房保障体系有效地补充了城镇住房产权改革的积极成果，同时抵制了城镇住房产权过度私有化倾向，构建了新时代中国特色社会主义城镇住房产权制度。

7 城镇住房产权私有制度下的
政府决策博弈分析

博弈论研究的是在相互存在外部性下的个人选择，其实质是研究人跟人之间合作与竞争关系。博弈论是新制度经济学家研究合作问题的一个非常有效的分析工具。本章对城镇住房产权私有制度下的住房制度相关者利益关系进行了博弈分析，得到的结论对于构建和完善城镇住房产权制度具有重要的借鉴作用。

7.1 政府决策博弈分析的理论基础

7.1.1 博弈论方法

现代经济学证明，效率最大化的争端解决方式就是通过合作实现的。制度作为一个由非正式规则和正式规则组成的系统，通过约束人们的行为、降低专业化和分工协作造成的交易费用而解决人们所面临的合作问题。那么，运用博弈论研究经济领域中的合作问题，其实质就是研究博弈双方在自身利益最大化目标的条件约束下，如何能够形成一致的"合作解"的过程。

最早从博弈论的视角研究制度现象的学者是美国经济学家安德鲁·肖特。他在《社会制度的经济理论》（1981）一书中分析了制度的内涵、起源、生成及其在市场中的作用等一系列问题。更为重要的是，他不但运用博弈模型解释了哈耶克自发社会秩序的生成机制，并且在一个假定的自然状态背景下，运用博弈模型解释了诺齐克的国家创生理论。

利用演化博弈论研究制度的代表学者是美国制度分析权威学者

H. 培顿·扬①。自 20 世纪 90 年代以来,扬等学者建立起了以"随机稳定均衡"和学习模型为核心的演化博弈理论。在他们的模型中,制度被看作一种社会习俗、传统或者行为规范,其起源以及变迁是在一个前进稳定的博弈框架下进行的。在这个演化博弈的框架下,他们力图发现由认知能力和学习模型支持的制度演化理论。

青木昌彦与扬等学者的观点不同,他一直认为制度的本质是参与者行为选择的自我实施规则,在多次的重复博弈下,它规制了参与者持续不断的互动过程,而且这种博弈的规则不是由外生给定的,而是通过参与者的互动产生的。

马丁·诺瓦克等学者进一步拓展了梅纳德·史密斯关于参与者数目不确定情况下的演化稳定均衡概念,同时也定义了参与者数目确定情况下的演化稳定均衡的概念,并证明在参与者数目确定的情况下,合作者若使用针锋相对的策略就可以入侵那个使用背叛者策略的群体。

综上可见,博弈论是以研究不同经济行为主体之间的互动见长的,尽管解释政治、经济和社会制度的产生的分析方法由于给定个体行为偏好、依据不同行为主体之间的交往并结合一定模型推导演化结果而受到某些学者的批评,但是重复博弈和演化博弈模型仍被大多数学者作为制度变迁的分析工具。

7.1.2 政府在制度变迁中的行为

一直以来,有关地方政府在制度变迁中的地位,经济学界多有不同观点②。有一种观点认为,政府权力下放的一个主要好处是,它为政策选择提供了机会。有选择经济政策自主权的各地方政府为政策的试验提供了"实验基地"(戴伊,1994;钱颖一,1999)。按照马斯

---

① 演化博弈论(evolutionary stable strategy)整合了理性经济学与演化生物学的思想,不再将人模型化为超级理性的博弈方,认为人类通常是通过试错的方法达到博弈均衡的,与生物演化具有共性,所选择的均衡是达到均衡的均衡过程的函数,因而历史、制度因素以及均衡过程的某些细节均会对博弈的多重均衡的选择产生影响。在理论应符合现实意义上,该理论对于生物学以及各种社会科学尤其是经济学,均大有用场。

② 李凤圣.中国制度变迁的博弈分析:1956—1989[D].北京:中国社会科学院,2006:32-34.

格雷夫（Musgrave，1959）根据对预算体制的分类，分散化一般会增加预算分配方面的效率，但是分权的范围究竟有多大，对于分配和稳定的作用并不明显。萨缪尔森（Samuelson，1954）指出，在公共品（public goods）领域，消费者发现，如果他们显示对公共品的偏好，对他们是不利的。因为消费者显示自己的偏好就有可能为公共品支出更多的成本，而事实上公共品供给并不会增加多少。这样，公共选择的结果会选择比均衡数量少的实际供给量。蒂鲍特（Tiebout，1956）在公共品供给领域作出了开创性贡献。他发现，所谓公共品消费是非排他性的，也就是说，张三消费，并不影响李四的消费。蒂鲍特还假定，居民的迁徙成本比较低；地方政府能够以最低的成本提供公共品；地方政府的税收筹集是一次性的；另外，还需如下假定：① 足够多的行政区向居民提供不同类型的公共品；② 各行政区之间没有外部性；③ 各行政区对居民的需求具有完全信息。在以上假定条件下，蒂鲍特认为消费者可以给出另一种显示偏好的机制，即流动性。一般来说，公共品的消费者更倾向于地方公共服务好的行政区域，并且会一直迁徙到他所认为的最好的行政区域。

在蒂鲍特假说中，存在一个明显的漏洞，即如果在一个征收较高赋税的行政区中，其提供的公共品质量高，当低收入的居民迁入这个行政区时，他所享用的公共品是其他居民用高赋税生产的，这样，他就存在搭便车问题。也就是说，在蒂鲍特假说中忽视了对公共品定价的问题。

埃利克森（Ellickson，1971）最先提出了这一问题。他认为，只要住宅和地方提供的公共服务能够将价格定在一个合适的水平上，后进入者也要为其交费，就可在一定程度上避免"搭便车"问题。也就是说，消费者对公共服务的需求是划分层次的。在不同层次需求的条件下，就会有不同程度的供给，即可以实现公共品最优供给。但是，在埃利克森的模型中，就需求的层次划分而言，仍然不能令人信服地说明如果不解决对公共品的定价问题，还是存在着搭便车问题。这个问题激励了进一步的研究热情。1975 年，汉密尔顿作了进一步的探索。他认为，如果对行政区作进一步的细分，对行政区进行适当的控制，并征收财产税，那么财产税就成为了一种为公共品交费的机制，这样或许能够使得公共品供给和消费达到某种程度的均衡，但也同时说明了这种假说要求的条件过分苛刻。它要求对行政区域进行严苛的划分，当住在一个富裕行政区的居民，知道这种行政保护和法律确保可以阻止搭便车者的进入，使他们不会被搭便车时，这个行政区的居民才可以放心地交税，以提供足够的公共服务所需要的税赋。

在蒂鲍特假说中，还存在一个公共品提供的规模效应问题。如果生产公共品存在规模经济，那么，行政辖区就应该扩大，但当公共品由更大的行政区生产时，将会产生"拥挤"，即商品质量随着被使用的人数增多而下降，而且，随着辖区的扩大，居民需求也逐渐多样。进而导致公共品供给的困难，同时降低公共品的消费效率。在蒂鲍特假说中，还存在很多问题。实际上，地方公共品大多是由地方行政当局提供的；迁徙的成本也是很高的；人们住在 A 行政区，可能在 B 行政区工作，行政区之间存在外部性；地方政府的税收往往不是通过一次性交税实现的，而是通过一系列的地方税，尤其是上交房地产税实现的。在这种情况下，由于地方公共部门的筹资过分依赖地方财产税，这就影响了人们购买住房的消费决策，使购买住房的需求不足，使公共品的消费不足，从而间接地影响了公共品的提供。同时，资本在不同地区是可以流动的，这就使资本从高税收地区转移到低税收地区，迫使高税收地区要提高边际生产率和税前收益。

7.1.3　政府决策行为的特殊性假设

在我国住房保障制度变革的路径中，参与各方的行为选择是影响其制度变革的重要因素。在改革开放以后，中国出现了地方政府之间相互竞争的局面。制度形成中的博弈与演化能够给予其很好的理论解释。与西方国家的行政辖区所提供的公共品和服务不同，中国的地方政府是在以下条件下提供公共品和服务的。

第一，中国的行政辖区流动性很差，户籍制度限制了公民的流动性。在改革开放之初，户籍制度是伴随着粮食供应票证制度、布票制度、人事调动制度、档案管理制度等一起发挥作用的。进入 20 世纪90 年代以后，经济环境发生很大变化，粮食票证已不能发挥作用，城市又将地方教育与户口捆在一起，许多城市开始限制人员的流动。

地方教育、医疗等各种保障措施都与户口紧紧相连，国内一线城市更是制定了一系列严格的落户政策，限制人员的流动。由于人口的流动性很弱，各行政辖区之间不存在外部性。

第二，各行政区的居民并不存在显示偏好的机制。也就是说，居民的需求并不是行政区关心的，也就不存在公共品和服务供给的最优效率问题。

第三，行政区对公共品的提供并不具有完全信息。既然公共品的供给者是地方政府，在居民没有流动性的情况下，居民无法显示其偏好，就不存在对公共品的公共选择问题。

第四，公共品和服务的定价是由地方政府单方面制定的。这就无法避免随意性，地方政府既可以定高价，也可以定低价。

第五，地方政府对公共品和服务的收费是随意的，这完全由地方政府说了算。地方政府可以用各种名目收取各种费用。

本书中所研究的地方政府是具有独立的财政收入与支出体系的。就中国而言，地方政府分为如下几级：省级地方政府、地市级地方政府、县级地方政府和乡镇级地方政府。在理论上，地方政府是一种委托-代理关系，委托人是行政辖区的全体公民，代理人是各级政府官员，但这个理论上的委托-代理关系在现有官员任命制度下几乎是不存在的，行政区内公民的利益仅仅是各级政府官员决策的一个约束条件。为简化模型，假定地方政府各级政府官员是以把职权范围内支配收入最大化作为决策目标。

地方政府各级官员可支配收入包括：① 财政收入。由于要上交上一级政府和中央政府一部分，地方政府并没有太多的积极性增加财政收入。② 预算外收入。地方政府的预算外资金包括三部分：一是地方财政管理的预算外资金；二是地方行政事业单位管理的预算外资金；三是地方国营企业与主管部门的预算外资金。在现有的大部分行政区域，土地出让金以及房地产开发的各种收费成为预算外收入的主要组成部分。

地方政府在汲取收入过程中也会遇到一种硬约束，这就是地方政府从企业和农民那里征收各种费用有一个底限，即不能无限制地征收。这就是说，要受到社会稳定目标的限制。征收各种费用不能影响社会的稳定，更不能出现民怨沸腾的最坏结果。如果一旦因为某个地方的苛税过多，而引起地方的不稳定，该地方的行政官员就需要负责，甚至接受刑罚。这是地方政府求得生存的最底限法则。

由于中央政府面临着社会稳定的强大执政压力，当某一地方政府的错误行为导致或影响了当地的社会稳定时，地方政府也必将为此付出代价。这变成了对地方政府的一种约束机制。

7.2　政府、房地产商和购房者的三方博弈模型

7.2.1　基本信息

7.2.1.1　博弈相关方
政府（G），房地产商（D），购房者（B）。

7.2.1.2　博弈有关假设
① 在房地产市场上只有购房者、房地产商、政府三方进行博弈，没有其他博弈方影响房地产市场的均衡结果。

② 博弈中三方均为理性人，在博弈过程当中都会选择最有利于自己的策略，并不会出现选择的失误。

③ 博弈中三方均各有两种策略选择。

④ 在市场中，信息是完全的，不会影响各方的决策分析。

7.2.2　静态博弈模型构建

根据博弈有关假设，可以得到下面的购房者、房地产商、政府三方静态博弈决策函数模型（见表7-1、表7-2）。

表 7-1　静态博弈模型决策函数

政府积极政策			购房者	
			购买	不买
	房地产商	商品房	$(n_1-n_2-n_3,\ m_1-m_2+m_3-m_4,\ l_1-l_2)$	$(n_1-n_2-n_3,\ m_1-m_2+m_3-m_4,\ l_1-l_2)$
		保障房	$(n_1-n_2+n_3,\ m_1'+m_2'+m_3',\ l_1'+l_2')$	$(n_1-n_2+n_3,\ m_1'+m_2'+m_3',\ l_1'+l_2')$

表7-1（续）

政府消极政策			购房者	
			购买	不买
	房地产商	商品房	$(n_1, m_1+m_2+m_3, l_1+l_3)$	$(n_1, m_1+m_2+m_3, l_1+l_3)$
		保障房	$(n_1+n_4, m_1'-m_2'+m_3'-m_4', l_1'+l_3')$	$(n_1+n_4, m_1'-m_2'+m_3'-m_4', l_1'+l_3')$

表 7-2　静态博弈模型符号说明

序号	符号	意义
1	n_1	一般情况下，住房建设给政府带来的社会效益
2	n_2	政府推行保障性住房激励性政策时的负收益，如土地划拨、财政补贴、税收优惠、贷款贴息等
3	n_3	激励性政策所带来的资源、环境和社会等的长期收益，但当政策未得到响应时，相应资源、环境和社会长期收益会损失
4	n_4	政府采用消极的政策，部分房地产商仍实施保障性住房，此时政府意外获取的资源、环境和社会等收益
5	m_1	无政策影响下，房地产商建设商品住房的正常收益
6	m_1'	无政策影响下，房地产商建设保障住房的正常收益
7	m_2	与政府政策一致时，房地产商根据所建商品住房是否符合相关标准而获得的奖惩收益
8	m_2'	与政府政策一致时，房地产商根据所建保障住房是否符合相关标准而获得的奖惩收益
9	m_3	为房地产商实施商品住房所获取的声誉收益，如住房品质、档次等符合需求，开发商的品牌价值
10	m_3'	为房地产商实施保障住房所获取的声誉收益，如社会保障成为共识后，开发商的品牌价值
11	m_4	缺乏有力的政策支持，房地产商建设商品住房所增加的投入得不到市场补偿而形成的负收益
12	m_4'	缺乏有力的政策支持，房地产商建设保障住房所增加的投入得不到市场补偿而形成的负收益
13	l_1	一般情况下，购房者购买商品住房的收益
14	l_1'	一般情况下，购房者购买保障住房的收益

表7-2(续)

序号	符号	意义
15	l_2	政府积极的住房保障政策下,购房者购买商品住房的负收益,如价格提高、二次交易成本增加等
16	l_2'	政府积极的住房保障政策下,购房者购买保障住房的额外收益,如价格降低等
17	l_3	政府消极的住房保障政策下,购房者购买商品住房的预期收益,如未来增值等
18	l_3'	政府消极的住房保障政策下,购房者购买保障住房的预期负收益,如流通困难、交易复杂等

静态博弈模型见图 7-1。

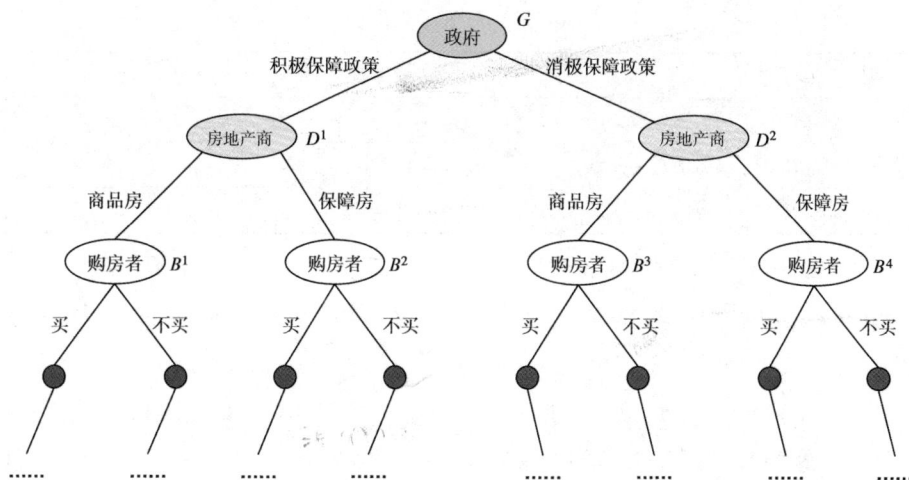

图 7-1 静态博弈模型

7.2.3 动态博弈模型构建

7.2.3.1 三方行动顺序与相互关系

G 先行动,行动空间定义为式(7-1);则 G 的战略为:$G_{[i]} \in G$,$i = 1$,2。

D 在观察到 G 的行动后选择行动,D 的行动空间为方式(7-2);则 D 的战略为:$D_{[j]} \in D$,$j = 1$,2。

B 观察到 G 和 D 的行动后最后行动,B 的行动空间为方式(7-3);则 B 的战略为:$B_{[k]} \in B$,$k = 1$,2。方式(7-1)、(7-2)、(7-3)

如下所示：

$$G = \{G_{[1]} = 积极的住房保障政策供给；G_{[2]} = 消极的住房保障政策供给\}$$
$$(7-1)$$

$$G = \{D_{[1]} = 建设商品房；D_{[2]} = 建设保障房\} \quad (7-2)$$

$$B = \{B_{[1]} = 购买住房；B_{[2]} = 不购买住房\} \quad (7-3)$$

7.2.3.2 三方效用的确定

每一个参与方的效用是三个参与方战略的函数减去各自成本。

设三个参与方的成本分别为 $C_{G[i]}$、$C_{D[j]}$ 和 $C_{B[k]}$，则有效用函数如表 7-3 所示。

表 7-3 三方效用函数

序号	参与方	效用函数
1	G	$U_G = U_G(G_{[i]}, D_{[j]}, B_{[k]}) - C_{G[i]}$
2	D	$U_D = U_D(G_{[i]}, D_{[j]}, B_{[k]}) - C_{D[j]} = U_{D[j]} + U_{D[j]}{}^* - (C_{D[j]} + C_{D[j]}{}^*)$
3	B	$U_B = U_B(G_{[i]}, D_{[j]}, B_{[k]}) - C_{B[k]} - C_{B[k]} = U_{B[k]} + U_{B[k]}{}^* - (C_{B[k]} + C_{B[k]}{}^*)$

7.2.3.3 博弈均衡策略

该动态博弈的均衡解为子博弈精练均衡，可应用逆向归纳法求解。

此动态博弈较典型的均衡有 2 种，即政府（G）实施积极的住房保障政策，房地产商（D）建设保障住房，购房者（B）选择购买保障住房；政府（G）实施消极的住房保障政策，房地产商（D）建设商品住房，购房者（B）选择购买商品住房。以下分别讨论。

（1）B 的选择

G 选择 $G_{[1]}$，D 选择 $D_{[1]}$，B 选择 $B_{[2]}$。假定在信息集 B^1 和 B^2，B 因为购买住房的直接成本过高，会选择 $B_{[2]}$。

① 在 B^1 点有：

$$U_B(G_{[1]}, D_{[1]}, B_{[2]}) - C_{B[2]} > U_B(G_{[1]}, D_{[1]}, B_{[1]}) - C_{B[1]} \quad (7-4)$$

即 B 购买商品房的净效用比不上不买商品房的净效用，B 的最优选择是 $B_{[2]}$。

② 在 B^2 点有：

$$U_B(G_{[1]}, D_{[2]}, C_{B[1]}) - C_{B[1]} > U_B(G_{[1]}, D_{[2]}, B_{[2]}) - C_{B[2]} \quad (7-5)$$

即 B 购买保障房的净效用比不购买保障房的净效用要高，B 的

最优选择是 $B_{[1]}$。

③ 在 B^3 点有：

$$U_B(G_{[2]}, D_{[1]}, B_{[1]}) - C_{B[1]} > U_B(G_{[2]}, D_{[1]}, B_{[2]}) - C_{B[2]} \quad (7-6)$$

④ B^4 点有：

$$U_B(G_{[2]}, D_{[2]}, B_{[2]}) - C_{B[2]} > U_B(G_{[2]}, D_{[2]}, B_{[1]}) - C_{B[1]} \quad (7-7)$$

（2）D 的选择

D 在 D^1 选择 $D_{[2]}$，在 D^2 选择 $D_{[1]}$ 的条件为：

① 在 D^1 点有：

$$U_D(G_{[1]}, D_{[2]}, B_{[1]}) - C_{D[2]} > U_D(G_{[1]}, D_{[1]}, B_{[2]}) - C_{D[1]} \quad (7-8)$$

② 在 D^2 点有：

$$U_D(G_{[2]}, D_{[1]}, B_{[1]}) - C_{D[1]} > U_D(G_{[2]}, D_{[2]}, B_{[2]}) - C_{D[2]} \quad (7-9)$$

（3）G 的选择

① 如果 G 选择战略 $G_{[1]}$，则有：

$$U_G(G_{[1]}, D_{[2]}, B_{[1]}) - C_{G[1]} > U_G(G_{[2]}, D_{[1]}, B_{[1]}) - C_{G[2]} \quad (7-10)$$

② 如果 G 选择战略 $G_{[2]}$，则有：

$$U_G(G_{[2]}, D_{[1]}, B_{[1]}) - C_{G[2]} > U_G(G_{[1]}, D_{[2]}, B_{[1]}) - C_{G[1]} \quad (7-11)$$

7.2.4 博弈结果讨论

在政府实行积极的住房保障政策下，根据静态分析的结果可以知道，房产商建设保障性住房，购房者选择购买是稳定的策略，此时政府选择积极的住房保障政策的概率是 $P_{G[1]}$，选择消极的住房保障政策的概率是 $P_{G[2]}$，$P_{G[1]} + P_{G[2]} = 1$。在初期，政府需要实行积极的住房保障政策来鼓励房产商建设保障性住房，通过住房保障市场的快速发展提高居民的住房保障水平，进而提高国民生活质量和满意度，有 $P_{[G[1]]} > P_{G[2]}$。但是如果住房保障过度发展而与经济环境的全面提升不相符合，反而对国民经济产生不良影响。在一段时间的鼓励政策后，为提高住房市场的整体消费水平，要为保障住房市场降温，在这样的背景下，需要采取限制保障性住房的消极政策应对市场新变化，此时 $P_{G[1]} < P_{G[2]}$。

动态博弈模型见图 7-2。

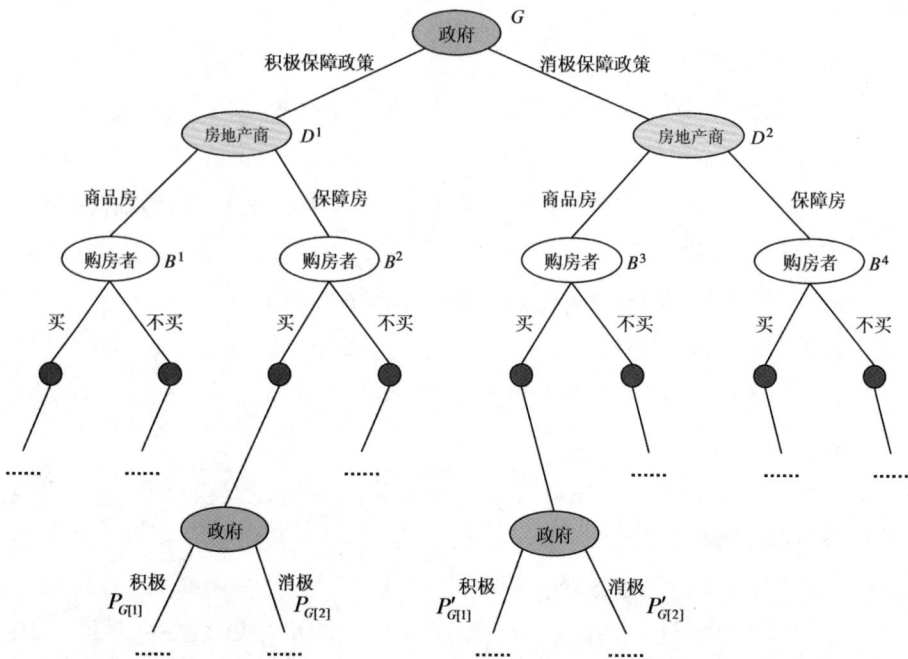

图 7-2 动态博弈模型

在政府实行消极的住房保障政策下，房产商建设商品房，购房者购买商品房是稳定的策略，此时政府选择积极的住房保障政策的概率是 $P'_{G[1]}$，选择消极的住房保障政策的概率是 $P'_{G[2]}$，$P'_{G[1]}+P'_{G[2]}=1$。同样，政府的政策也会根据需要进行变化，当政策不同时会有 $P'_{G[1]}<P'_{G[2]}$ 和 $P'_{G[1]}>P'_{G[2]}$ 交替出现的状况。

7.3 中央与地方政府保障性住房投入博弈模型

7.3.1 博弈模型构建

7.3.1.1 中央与地方政府委托-代理关系

保障性住房的建设，由中央政府与地方政府这两个执行主体之间的关联与矛盾，形成一种博弈理论上的赛局。西方学者巴得克在公共政策执行理论的博弈模式分析中提出，中央政府在制定宏观经济政策时，必须考虑地方政府的反应，也就是说，中央政府必须具有与地方政府博弈的意识，否则政策的执行效果会和预计的目标有很大偏差。

面对建设保障性住房这一对财政贡献较少却要消耗大量财力的工作，地方政府作为市场的行为主体，可能不太会心甘情愿地执行，甚至可能存在为了追求地方利益最大化而扭曲或"变相"执行中央政策的行为。这时，中央政府可以通过政治、经济和法律的手段和引导力来调节地方政府的理性行为，既充分发挥地方政府的积极性，又能遏制地方政府的消极效用。

中央政府和地方政府有责任与义务承担保障性住房的建设性投资以及维护性投资。本书将中央政府和地方政府对保障性住房建设投入的弹性系数分两种情况进行博弈分析。研究的基本思路如下：提出问题→博弈模型的建立→模型均衡求解→博弈模型的分析。

中央政府与地方政府是一种委托-代理关系，中央政府与地方政府并非单向的服从与权利的关系，而是双向的影响与制约关系，即博弈关系。因而可以用博弈论解释中央政府与地方政府的关系。博弈论是研究参与人如何针对其他参与人的行动和可能采取的行动作出自己的策略选择。因此，信息是博弈的基础和参与人进行策略选择的前提。一般情况下，参与人在博弈过程中，都要尽可能了解对方的全部情报，获取相关信息，从而对自身行动进行判断。

7.3.1.2 模型假设

中央政府与地方政府之间的关系由于经济利益分配关系而比较复杂，特别是不同地区的地方政府的财政收入、财政支出、执政理念、建设能力等方面差异较大，在不同时期的决策也会有较大的差异。本书建立完全信息静态博弈模型，研究中央政府与地方政府在建设保障性住房方面的博弈关系和博弈结果。

模型的基本假设：

① 对于保障性住房的决策只涉及中央政府和地方政府两个主体。

② 在保障性住房决策和建设过程中，中央政府与地方政府的信息是完全对称的，中央政府可以获得地方政府的决策想法和行为，地

方政府也可以充分估计到中央政府的决策。

③ 中央政府和地方政府的博弈决策是非动态博弈。

中央政府和地方政府在既定的规则和变化过程中进行策略选择，形成不同的策略组合。通常情况下，中央政府主要通过设置考核指标的方式引导地方政府的行为，并且将执行的结果作为考核的依据，考核的指标会结合政府的执政理念和官员的偏好设置，甚至涉及了官员的升迁问题。因此中央政府的考核对于地方政府官员的决策行为有着重要的影响和引导作用。

7.3.1.3 相关参数设置

本书用 Z 和 D 分别代表中央政府和地方政府，Q 代表保障性住房建设企业，I 和 O 分别代表保障性住房建设投入和其他维护性投入。这样 I_Z 为中央政府投入于保障性住房建设的资金，I_D 为地方政府投入于保障性住房建设的资金，I_Q 为保障性住房建设投入引起的保障性住房建设企业的建设情况。O_Z 为中央政府投入于保障性住房维护的资金，O_D 为地方政府投入于保障性住房维护的资金。

假定中央政府和地方政府对于保障性住房投资的效用函数分别服从柯布-道格拉斯函数形式：

中央政府投资效用函数：

$$U_Z = (I_Z + I_D + I_Q)^{\gamma} (O_Z + O_D)^{\beta}$$

地方政府投资效用函数：

$$U_D = (I_Z + I_D + I_Q)^{\alpha} (O_Z + O_D)^{\beta}$$

其中，$0 < \alpha, \beta, \gamma < 1$；$\alpha + \beta \leq 1$；$\beta + \gamma \leq 1$。

我国实施 13 年的完全市场化的住房保障制度，在事实上造成了市场保障失灵，政府建设保障性住房就是为了弥补市场失灵产生的保障不足的缺口。中央政府期望地方政府实施以保障性住房为导向的政府性支出。这里假设政府保障性住房领域的投入与建设企业建设性投入的效用之间具有某种线性关系 $I_Q = aI_Z + bI_D$，a 表示中央政府保障性住房建设投入对建设企业投入的弹性系数，b 表示地方政府保障性住房投入对建设企业投入的弹性系数。政府对保障性住房加大投资额有利于建设企业的保障性住房建设，所以要假设 a，$b > 0$。以我国 2010 年的保障性住房建设为例，中央政府及地方政府通过多种渠道投入 5000 多亿元资金,其中,中央政府投入 1292.66 亿元,占政府投入的 25% 左右。中央政府通过有关政策及资金引导地方政府加大保障性住房建设投入,地方政府则负责大部分资金的直接投入与建设工作。基于此,假定 $\alpha > \gamma$。

7.3.1.4 模型效用函数

中央政府和地方政府在博弈模型中的决策同时是假定对方的投资分配已给定,随后选择各自的投资分配。假定双方决策目标都是在满足预算约束的前提下将自己的效用函数最大化。

中央政府的效用最大化函数如下:

$$\max_{\{I_Z, O_Z\}} U_Z = (I_Z + I_D + I_Q)^{\gamma} (O_Z + O_D)^{\beta} \qquad (7-12)$$

约束条件:$I_Z + O_Z \leqslant F_Z$,$I_Z \geqslant 0$,$O_Z \geqslant 0$

地方政府的效用最大化函数如下:

$$\max_{\{I_D, O_D\}} U_D = (I_Z + I_D + I_Q)^{\alpha} (O_Z + O_D)^{\beta} \qquad (7-13)$$

约束条件:$I_D + O_D \leqslant F_D$,$I_D \geqslant 0$,$O_D \geqslant 0$

为了有利于解释问题,假定预算资金可全部用于投资,将 $I_Q = aI_Z + bI_D$ 代入优化等式,得到中央政府和地方政府的反应函数如下:

中央政府:

$$I_Z^* = \max \left\{ \frac{\gamma}{\gamma + \beta} (F_Z + F_D) - mI_D, \ 0 \right\} \qquad (7-14)$$

其中,$m = \dfrac{(1+a)\gamma + (1+b)\beta}{(1+b)(\gamma + \beta)}$。

地方政府:

$$I_D^* = \max \left\{ \frac{\alpha}{\alpha + \beta} (F_Z + F_D) - nI_Z, \ 0 \right\} \qquad (7-15)$$

其中,$n = \dfrac{(1+a)\alpha + (1+b)\beta}{(1+b)(\alpha + \beta)}$。

使用约束条件消除 O_Z 和 O_D,即地方政府在保障性住房建设投入每增加 1 个单位,中央政府的最优决策就会减少 m 个单位,地方政府的反应系数表示中央政府在保障性住房建设投入上每增加 1 个单位,地方政府的最优投资就会减少 n 个单位。

7.3.2 博弈模型均衡

7.3.2.1 弹性系数讨论

假定 $a=b$，则 $m=n=1$。

中央政府理想的保障性住房建设最优投资总规模小于地方政府理想的保障性住房建设最优投资总规模。此时，地方政府在保障性住房建设投资中每增加 1 个单位，中央政府的最优投资就减少 1 个单位。反之，中央政府在保障性住房建设投资中每增加 1 个单位，地方政府的最优投资就减少 1 个单位。这也就是说，在中央政府和地方政府对建设企业保障性住房建设支出的弹性系数相等时，中央政府和地方政府保障性住房建设投入会出现等比例替代。

$$I_Z^* + I_D = \frac{\gamma}{\gamma+\beta}(F_Z+F_D) < \frac{\alpha}{\alpha+\beta}(F_Z+F_D) = I_Z+I_D^* \qquad (7-16)$$

如果 $a>b$，则 $n>1>m$。

$$I_Z^* + I_D = \frac{\gamma}{\gamma+\beta}(F_Z+F_D) + (1-m)I_D \qquad (7-17)$$

$$I_Z + I_D^* = \frac{\alpha}{\alpha+\beta}(F_Z+F_D) + (1-n)I_Z \qquad (7-18)$$

其中，$\frac{\gamma}{\gamma+\beta}(F_Z+F_D) \leqslant \frac{\alpha}{\alpha+\beta}(F_Z+F_D)$，$(1-m)I_D > (1-n)I_Z$。

这种情况下，中央政府理想的保障性住房最优投资总规模与地方政府理想的保障性住房最优投资总规模之间的大小难以确定。地方政府在保障性住房建设投资中每增加 1 个单位投资，中央政府的最优投资就减少小于 1 个单位的投资。反之，中央政府在保障性住房建设投资中每增加 1 个单位投资，地方政府最优投资的减少大于 1 个单位投资。换句话说，中央政府对保障性建设支出的弹性系数大于地方政府时，中央政府对保障性住房建设投入产生的效用会大于地方政府。

如果 $a<b$，则 $m>1>n$。

$$I_Z^* + I_D = \frac{\gamma}{\gamma+\beta}(F_Z+F_D) + (1-m)I_D < \frac{\alpha}{\alpha+\beta}(F_Z+F_D) + (1-n)I_Z = I_Z+I_D^*$$

$$(7-19)$$

中央政府理想的保障性住房建设最优投资总规模小于地方政府理想的保障性住房建设最优投资总规模。此时，地方政府在保障性住房建设投资中每增加 1 个单位投资，中央政府的最优投资的减少就大于 1 个单位投资。反之，中央政府在保障性住房建设投资中每增加 1 个单位投资，地方政府的最优投资减少小于 1 个单位投资。换句话说，地方政府对保障性住房建设支出的弹性系数大于中央政府时，地方政府对保障性住房建设投入产生的效用会大于中央政府。

从以上讨论中可以看出，地方政府主要负责大部分资金的直接投入与建设工作，与保障性住房的建设量有最密切的关系，即 $\alpha > \gamma$ 的条件下，需要重点分析中央政府和地方政府的保障性住房建设投入，并分别考虑双方投资的弹性系数以及杠杆效用的影响，这是确定博弈结果的关键问题。特别是如果中央政府对保障性住房建设投入对保障性住房建设量的杠杆效用大于地方政府，则中央政府应多投入，地方政府则少投入；如果地方政府对保障性住房建设投入对保障性住房建设支出的杠杆效用大于中央政府，则地方政府应多投入，中央政府则少投入。

7.3.2.2 政府最优决策均衡

中央政府对各地方政府的保障性住房投资资金及策略不同，两者之间的博弈情况也会有所不同。在中央政府和地方政府的保障性住房投入对保障性住房建设支出效用相同的情况下，研究中央政府和地方政府的纳什均衡。由于地方政府在保障性住房建设上的最优投资规模大于中央政府，在均衡点上，至少存在一方的最优解。且中央政府具有行政控制权，需要优先进行策略选择。以下对中央政府的总预算资金分两种情况来讨论。

（1）讨论情况 1：假定 $F_Z \geq \dfrac{\gamma}{\gamma+\beta}(F_Z+F_D)$

即中央政府可用于投资的总预算资金大于中央政府理想的保障性住房最优投资规模。

① 选择 1：假定中央政府的策略如下：

$$\left.\begin{array}{l} I_Z^* = 0 \\ O_Z^* = F_Z \geq \dfrac{\gamma}{\gamma+\beta}(F_Z+F_D) \end{array}\right\} \quad (7-20)$$

即中央政府不投入保障性住房建设，地方政府为了实现效用最大化，最优策略如下：

$$I_D^* = \frac{\alpha}{\alpha+\beta}(F_Z+F_D)$$
$$O_D^* = F_D - \frac{\alpha}{\alpha+\beta}(F_Z+F_D)$$

$$\left.\right\}\qquad(7-21)$$

此时，中央政府和地方政府实现了纳什均衡。

② 选择 2：假定中央政府的策略如下：

$$I_Z^* = \frac{\gamma}{\gamma+\beta}(F_Z+F_D)$$
$$O_Z^* = F_Z - \frac{\gamma}{\gamma+\beta}(F_Z+F_D)$$

$$\left.\right\}\qquad(7-22)$$

中央政府满足了保障性住房建设最优投资的需求，然后将剩余的资金投入维护性建设。这时，地方政府将不再对保障性住房建设进行投入，而将其所有资金投入到维护性建设。其最优策略如下：

$$I_D^* = 0$$
$$O_D^* = F_D$$

由于 $I_D^* + I_Z^* = \frac{\gamma}{\gamma+\beta}(F_Z+F_D) < \frac{\alpha}{\alpha+\beta}(F_Z+F_D) = I_D^* + I_Z$，所以地方政府没有实现效用最大化。

（2）讨论情况 2：假定 $F_Z < \frac{\gamma}{\gamma+\beta}(F_Z+F_D)$

① 选择 1：假定中央政府的策略如下：

$$I_Z^* = 0$$
$$O_Z^* = F_Z$$

$$\left.\right\}\qquad(7-23)$$

地方政府的策略如下：

$$I_D^* = \frac{\alpha}{\alpha+\beta}(F_Z+F_D)$$
$$O_D^* = F_D - \frac{\alpha}{\alpha+\beta}(F_Z+F_D)$$

$$\left.\right\}\qquad(7-24)$$

这种策略下，$F_Z < F_D$；虽然能够实现纳什均衡，但地方政府负担的资金压力过大。

② 选择 2：假定中央政府的策略如下：

$$\left.\begin{array}{l} I_Z^* = F_Z \\ O_Z^* = 0 \end{array}\right\} \qquad (7\text{-}25)$$

此时中央政府将全部的总预算资金投入到保障性住房建设当中，但还没有满足地方政府的需求。地方政府的策略应如下：

$$I_D^* = \frac{\alpha}{\alpha+\beta}(F_Z+F_D) - F_Z = \frac{\alpha F_D - \beta F_Z}{\alpha+\beta} > 0 \qquad (7\text{-}25)$$

$$O_D^* = F_D - I_D^* = \frac{\alpha}{\alpha+\beta}(F_Z - F_D) > 0 \qquad (7\text{-}26)$$

中央政府由于资金紧缺，无法对其他维护性建设进行投资。但政府选择 2 比选择 1 更有利于加强中央政府的引导作用，同时中央政府通过向地方政府投入资金补充实现了地方政府的最优效用。

7.3.3 模型讨论

通过博弈模型的分析，中央政府与地方政府的保障性住房存在两种典型的最优投资模式组合。两种组合模式分别表示了中央政府和地方政府在不同的经济、政治和地区环境中，以保障性住房总投资为约束条件，在最优投资规模和双方的边际效应情况下作出的选择。

第一种讨论情况是"地方政府对保障性住房单方面投入，中央和地方政府双方面满足效用最大化"的行为模式组合。中央政府的保障性住房总预算资金大于中央政府理想的保障性住房建设资金需求时，中央政府不需要对保障性住房建设进行投资，而是将总预算资金投入到维护性建设或其他建设当中。这是由于中央政府的最优投资总规模小于地方政府理想的最优投资总规模。中央政府也可转移支付给地方政府一定的预算资金，减轻地方政府的资金压力。这种情况下，地方政府将会先满足保障性住房建设投入需求，达到效用最大化，然后将剩余资金投入其他建设活动中。在均衡状态下，中央政府和地方政府都实现效用最大化。

第二种讨论情况是"中央政府和地方政府双方面投入，地方政府单方面满足效用最大化"。当中央政府的保障性住房总预算资金小于中央政府理想的保障性住房建设资金需求，中央政府将总预算资金转移支付给地方政府，满足地方最优投资需求。这可能会造成中央政府缺少维护性建设或其他建设，而一边"倾倒"式地投入到保障性住房建设当中，且地方政府的预算资金压力也会较高。在均衡状态下，仅地方政府能够实现效用最大化。

以上两种模式是博弈分析的结果。通常情况下，中央政府与地方政府对保障性住房建设投入具有相同的弹性。这时，地方政府对保障性住房建设投入所能达到的最优规模大于中央政府投入所能达到的最优规模，即地方政府对保障性住房建设的投入较之中央政府能够更好地解决保障性住房的问题。因此，地方政府应积极投入资金，用于建设保障性住房。但现实情况是，由于双方有着不同的利益，很难达到一致的积极性。地方政府从本地区利益出发，可能出现消极态度。中央政府应提出相关政策引导地方政府向保障性住房投入所需资金，并监督建设质量，使保障性住房建设达到最优规模。除此之外，还应转移支付给地方政府一定的预算资金，缓解地方政府资金压力过大的问题，以及支出保障性住房的维护性建设资金。

7.4 小结

住房市场不同的发展阶段需要不同的保障方式，在决定不同模式及相对规模大小时的主要考虑因素仍是低收入住房问题矛盾的核心，即租金占收入比重过高还是合适的住房供应不足。但从效率的角度考虑，基于租赁的补贴计划是一种有效的保障模式。当前，中国的住房保障模式已经逐步转变为建设公租房和公共租赁住房的"砖头补贴"为主。以住房补贴为主导的保障模式能否适合我国国情，还需要对我国现时的住房状况和建房体制进行详细的分析。

结　论

　　历史上国内外各历史阶段住房制度都必须面对这一基本事实：如何在住房供应逐渐失稳、住房市场价格高涨的情况下，提供更合适的住房给不断增长的人口。中国城镇住房产权制度经历了由公有到公私共有，再到私有化，直到现有的商品房、公租房、共有产权住房等多形式的产权制度变迁过程，其制度变迁路径以及相应的制度绩效成为本书的切入点。

　　在我国城镇住房产权制度变迁的过程中，除了受到经济因素的影响之外，还受到其他几个因素的影响：我国在不同历史阶段的政治体制，以及政府对城镇住房产权制度的偏好；社会不同阶层和群体对于城镇住房产权制度的抵制或接受程度；能够将外部性的公有产权制度效益转化为内部化的激励机制；在新的住房制度下，原有城镇住房产权制度下的受益者对于收益和损失的权衡结果。通过研究发现，中国历次的城镇住房产权制度变迁基本上为强制性变迁，即由政府通过政策和法律的出台引致变迁，此外，我国城镇住房产权制度还受到了价值观、伦理规范、道德、习惯、意识形态等多方面的影响。

　　在分析我国城镇住房保障制度变迁的过程中，制度被视为国家提供的一种具有经济价值的服务，政府通过产权的分割对住房制度进行调控，社会的高速发展改变了我国居民对住房的需求，并且这种需求的改变又导致了长期的以成本收益来衡量的供求之间的非均衡。

　　构建产权制度明晰，政府、市场各行其职的住房制度模式，确立完善的城镇住房制度实施规则，需要在四个方面建立相应机制。

　　① 权力约束机制。政府利用权力优势，运用财政、税收、金融和土地等宏观调控方法，实现城镇住房产权制度改革目标，要配套建立权力本身监督和制约制度，保证相关政策能够贯彻执行。

　　② 制度约束机制。政府建立相应的规章制度，如公积金制度等

规范职工收入中住房补贴的分配比例，使城镇住房产权制度改革制度化、规范化。

③ 市场约束机制。政府要建立开放、竞争的住房供应市场体系，创造公平、竞争、有效的市场竞争环境，这是保证城镇住房产权制度改革顺利实施的最有效手段。

④ 法律约束机制。在住房分配领域中灰色收入、腐败寻租等违法行为大量存在，导致分配差距的扩大和秩序的混乱，政府必须依靠法律的力量，使城镇住房产权制度与法制密切结合，建立有效的法律约束机制。

作为制度经济学与我国住房产权制度演进相结合的一项探索性研究，本书存在研究局限。制度经济学对我国住房产权制度改革的研究尚处在探索阶段。近几年，许多经济理论对于住房市场的分析与解读总是处在一个矛盾的位置，甚至常常与现实市场的变化相悖。现有的住房保障制度政策制定通常以西方发达国家的住房市场总结的规律和方法判断我国的住房市场和产权制度改革，这些理论依据的假设脱离了中国实际情况。与西方发达国家成熟的住房市场相对比，我国住房市场的发展在发展规律和逻辑上，都无法摆脱中国住房制度历史沉淀的制约和影响。经典的西方制度经济学的理论和方法对于研究我国住房产权制度和分配制度都具有相当的局限性。本书在理论观点与研究方法两个方面都力求有所创新。只采用制度经济学的基本理论和方法作为系统研究我国住房产权制度改革和变迁的工具并不完全合理。

政府决策部门、经济学和管理学界对我国住房产权和分配制度进行了长期、深入的研究，涌现了大量的研究成果；从中央到地方的各级政府和建设主管部门，也出台了大量法律、法规、政策和措施，并进行了试点和示范。但我国住房产权制度改革是在我国社会大规模经济和社会制度变迁背景下进行的，尤其是独特的市场构造规律和演进逻辑。我国住房的生产与分配一直伴随着既得利益社会阶层和群体的干预，以及住房建设相关管理部门行政人员的利益合谋。因此，不可能在忽略国家制度差异性前提下利用国外的理论和经验研究我国住房产权制度。制度变迁都具有路径依赖特征，因此，自从我国将住房产权和制度改革作为社会经济制度改革的内容，就注定了住房产权制度改革的发展路径有其特殊的发展规律。我们在反对平均主义基础上的城镇住房产权公有制以及福利分配方式住房安排的同时，还要尽量避免社会对效率优先路径的过分依赖，防止由此产生的住房保障差异、贫富差距和收入差距过大等问题。

参考文献

[1] Groves R, ALAN M, Watson C.Housing and the new welfare state: perspectives from East Asia and Europe[M].London: Ashgate Publishing, 2007.

[2] ALCHIAN A, ALLEN W.Exchange and production, coordination, and control[M].Belmont: Wadsworth Publishing Company, 1997.

[3] ANDERSSON-SKOG L.The making of national telephone networks in Scandinavia: the state and the emergence of national regulatory patterns 1880—1920 [J]. Evolutionary Economics and Path Dependence, 1995, 138-154.

[4] ANDREJS S. Filtering, city change and the supply of low-priced housing in Canada[J].Urban Studies, 2006, 46(3): 533-558.

[5] BERGDAHL J, OSTLUND J.Institutions as determinants of institutional change-case studies in the field of EEC transport policy[J]. Evolutionary Economics and Path Dependence, 1995: 155-167.

[6] BESTER H, GUTH W.Is altruism evolutionarily stable? [J].Journal of Economic Behavior and Organization, 1998, 34(2): 193-209.

[7] BRATT R G.Policy review[J].Housing Studies, 2003, 18(4): 607-635.

[8] Bureaucrats in business: the economics and politics of government ownership[R].A World Bank Policy Researeh Report, Washington, D.C, 1995.

[9] CAMPBELL J.Institutional analysis and the role of ideas in political economy[Z].Unpublished manuscript, Department of Sociology, Harvard University, 1995.

[10] CAMPBELL J. Mechanisms of evolutionary change in economic governance: interaction, interpretation and bricolage [J]. Evolutionary Economics and Path Dependence, 1995: 10-32.

[11] CHRISTIAN S. Are evolutionary games another way of thinking about game theory? [J]. Journal of Evolutionary Economics, 2004, 14(2): 131-139.

[12] DANIEL F. Evolutionary economics goes mainstream: a review of the theory of learning in games [J]. Journal of Evolutionary Economics, 1998, 8(4): 174-181.

[13] DANIEL F. On economic applications of evolutionary game theory [J]. Journal of Evolutionary Economics, 1998, 8(1): 53-58.

[14] DAVID P. Why are institutions the "carriers of history"?: path dependence and the evolution of conventions, organizations and institutions [J]. Structural Change and Economic Dynamics, 1994, 5(2): 21-38.

[15] FIELD A. The problem with neoclassical institutional economics: a critique with special reference to the North/Thomas model of pre-1500 Europe [J]. Explanations in Economic History, 1981, 18(4): 32-46.

[16] FISHER I. Elementary principles of economics [M]. New York: Macmillan, 1923.

[17] FRIEDMAN D. Evolutionary game in economics [J]. Econometrica, 1991, 59(3): 637-666.

[18] HAMILTON D. Newtonian classicism and Darwinian institutionalism [D]. Albuquerque: University of New Mexico, 1953.

[19] HAYEK F. Law, legislation and liberty: rules and order [M]. Chicago: The University of Chicago Press, 1973.

[20] HODGSON G M. Darwin, Veblen and the problem of causality in economics [J]. History and Philosophy of the Life Sciences, 2001, 23(3/4): 385-423.

[21] HODGSON G M. Darwinism and institutional economics [J]. Jour-

nal of Economic Issue, 2003(3): 26-35.

[22] HODGSON G M.Darwinism in economics: from analogy to ontolo-
gy[J].Journal of Evolutionary Economics, 2002, 12(3): 415-
421.

[23] HODGSON G M.Taxonomizing the relationship between biology
and economics: a very long engagement[J].Journal of Bioeconom-
ics, 2007, 9(2): 313-324.

[24] HODGSON G M.The hidden persuaders: institutions and individu-
als in economic theory[J].Cambridge Journal of Economics, 2003
(27): 56-67.

[25] HODGSON G M, KNUDSEN T.In search of general evolutionary
principles: why Darwinism is too important to be left to the biolo-
gists[J].Journal of Bioeconomics, 2008, 10(1): 367-372.

[26] HURWICZ L, SCHMEIDLER D.Construction of outcome functions
guaranteeing existence and Pareto optimality of Nash equilibria
[J].Econometrica, 1978(46): 1447-1474.

[27] HURWICZ L.Optimality and informational efficiency in resource
allocation processes[M]//KARLIN A.Mathematical methods in
the social sciences.Stanford: Stanford University Press, 1960.

[28] HURWICZ L.The design of mechanisms for resource allocation
[J].American Economic Review, 1973, 63(2): 1-30.

[29] ILAN E.On the changing concept of evolutionary population stabil-
ity as a reflection of a changing point of view in the quantitative
theory of evolution[J].Journal of Mathematical Biology, 1996, 34
(5/6): 513-528.

[30] JIN H, QIAN Y, WEINGAST B R.Regional decentralization and
fiscal incentives: federalism, Chinese Style[J].Journal of Public
Economics, 2005(9): 1719-1742.

[31] KEMENY J.Corporatism and housing regimes[J].Housing Theory
and Society, 2006(23): 1-18.

[32] LIEBOWITZ S, MARGOLIS S.Path dependence, lock-in, and

history[J].The Journal of Law, Economics & Organization, 1995, 11(1): 12-29.

[33] LINDBERG L, CAMPBELL J.The state and the organization of economic activity [M]. New York: Cambridge University Press, 1991.

[34] LYTH P.Institutional change and European air transport, 1910—1985[J].Evolutionary Economics and Path Dependence, 1995: 168-185.

[35] MAGNUSSON L, OTTOSSON J.Introduction of evolutionary economics and path dependence [M]. Cheltenham: Elward Elgar, 1997.

[36] MAHESWARAN D, SHAVITT S.Issues and new directions in global consumer psychology[J].Journal of Consumer Psychology, 2000, 9(2): 59-66.

[37] MICHAEL E.Shelter poverty: new ideas on housing affordability [M].Philadelphia: Temple University Press, 1993.

[38] MUSGRAVE R. Public finance [M]. New York: McGraw-Hill, 1959.

[39] NASH J.Non-cooperative games[M].Princeton: Princeton University Press, 2002.

[40] OTTOSSON J.Path dependence and institutional evolution: the case of the nationalization of private railroads in interwar Sweden [J].Evolutionary Economics and Path Dependence, 1995: 186-196.

[41] RIZZELLO S.The endogenous asymmetrical information[Z].Department of Economics, Toronto University, 1995.

[42] RIZZELLO S.The microfoundations of path dependency[J].Evolutionary Economics and Path Dependence, 1995: 98-118.

[43] SAVASKAN R, WASSENHOVE V.Reverse channel design: the case of competing retailers [J].Management Science, 2006, 52 (1): 1-14.

[44] SIMON H.Rational choice and the structure of the environment [J].Psychological Review, 1956, 63(2): 128-142.

[45] STONE M.Shelter policy: new ideas on housing affordability[M]. Philadephia: Temple University Press, 1993.

[46] THOMAS B.Can evolutionary algorithms describe learning proces- ses? [J].Journal of Evolutionary Economics, 1998, 8(3): 153- 164.

[47] HUNGERFORD T L.The dynamics of housing assistance spells [J].Journal of Urban Eeonomics, 1996(39): 372-386.

[48] VEBLEN T.The instinct of workmanship, and the state of the in- dustrial arts[M].New York: Macmillan, 1914.

[49] VEBLEN T.The place of science in modern civilization and other essays[M].New York: Huebsch, 1919.

[50] VEBLEN T.The theory of the leisure class: an economic study in the evolution of institutions[M].New York: Macmillan, 1899.

[51] WEBULL J.Evolutioary game theory[M].Princeton: Princeton Press, 1995.

[52] WOLFE A.Functional economics[J].The Trend of Economics, 1924: 443-482.

[53] WRIGHT T.Resisting homelessness: global, national, and local solutions[J].Contemporary Sociology, 2000, 29(1): 26-35.

[54] ZHOU M, DENG F.Evolutionary dynamics of an asymmetric game between a supplier and a retailer[C].Berlin Heidelberg: Springer- Verlag, 2006.

[55] 曼瑟尔·奥尔森.集体行动的逻辑[M].陈郁, 郭宇峰, 李崇新, 译.上海: 上海三联书店, 1995.

[56] V.奥斯特罗姆.隐蔽的帝国主义、掠夺性的国家与自治[M]// V.奥斯特罗姆.制度分析与发展的反思: 问题与抉择.北京: 商务印书馆, 1992.

[57] Y.巴泽尔.产权的经济分析[M].费方城, 段毅才, 译.上海: 上海三联书店, 1997.

[58] 白山.转型发展期中国住房制度改革回顾与绩效评价[J].河南

社会科学，2008(3)：49-51.

[59]　丹尼尔·W. 布罗姆利.经济利益与经济制度：公共政策的理论基础[M]陈郁，郭宇峰，汪春,译.上海：上海三联书店，上海人民出版社，1996.

[60]　仓平，吴军民，王宏.三方模型下政府采购寻租监管的演化博弈分析[J].贵州财经学院学报，2010(6)：64-68.

[61]　曹艳春.转型时期中国社会保障研究[M].上海：上海社会科学出版社，2010.

[62]　曾凯.新经济史视角下的社会结构演进、制度变迁与长期经济增长[D].西安：西北大学：2010.

[63]　柴强.我国房地产制度改革与市场发展 30 年[M]//邹东涛.发展和改革蓝皮书：中国经济发展和体制改革报告　中国改革开放 30 年　1978—2008.北京：社会科学文献出版社，2008.

[64]　陈艾丽.当前我国经济适用住房产权制度探讨[J].经营管理者，2008(15)：19.

[65]　陈丹丹.中国经济转型绩效的成本-收益分析[D].西安：西北大学：2010.

[66]　陈杰.制度经济学视角下的中国住房制度变迁分析[J].社会科学辑刊，2010(6)：104-108.

[67]　陈林杰.政府在住房保障制度实施中的行为分析[J].上海房地，2011(7)：56-58.

[68]　陈双双.我国共有产权住房产权权利义务分析[D].广州：暨南大学，2019.

[69]　成思危.中国城镇住房制度改革：目标模式与实施难点[M].北京：民主与建设出版社，1999.

[70]　崔璨，崔军茹，李佳怡.代际传递视角下中国城市家庭住房产权获得：基于上海的实证研究[J].世界地理研究，2021，30(1)：167-178.

[71]　崔竹.城镇住房分类供应与保障制度研究[D].北京：中共中央党校，2008.

[72]　翟波.人口资源环境约束下的城市住房制度研究[D].青岛：青岛大学，2009.

[73] 丁利.从均衡到均衡：制度变迁的主观博弈框架[J].制度经济学研究，2005(3)：123-132.

[74] 董群忠.建立国民基本保障住房制度[J].住宅产业，2011(7)：21-24.

[75] 董晓芳，傅十和.从"配给"到"自由选择"：我国住房制度改革与住房需求决定因素的变迁[J].制度经济学研究，2010(4)：83-108.

[76] 董志强.制度及其演化的一般理论[J].管理世界，2008(5)：151-165.

[77] 杜泰洪.公共住房制度运行模式创新设计[J].中南财经政法大学研究生学报，2007(4)：34-37.

[78] 杜文.我国城镇住房保障制度研究[D].成都：四川大学，2006.

[79] 樊佩佩.从"居住权"到"发展权"：大城市住房产权多元化与新市民居住正义的实现[J].学海，2021(6)：102-108.

[80] 范雷.当前中国住房状况与住房不平等[J].山东大学学报(哲学社会科学版)，2016(6)：25-33.

[81] 方长春.从产权差异到资产分化：98房改以来城镇居民的住房[J].浙江工商大学学报，2022(6)：127-137.

[82] R. 科斯，A. 阿尔钦，D. 诺斯.财产权利与制度变迁：产权学派与新制度经济学派译文集[M].刘守英，等译.上海：上海三联书店，1994.

[83] 杰克·J.弗罗门.经济演化：探究新制度经济学的理论基础[M].李振明，刘社建，齐柳明，译.北京：经济科学出版社，2003.

[84] 傅勇.中国式分权、地方财政模式与公共物品供给：理论与实证研究[D].上海：复旦大学，2007.

[85] 甘欣悦，边兰春.非正规性视角下城市非正规住房形成的新认识：基于新制度主义的解释[J].城市发展研究，2021，28(3)：133-140.

[86] 高聚辉.进一步深化住房制度改革的思考[J].中国发展观察，2010(2)：23-24.

［87］ 耿得科，张旭昆.博弈论视角下制度的设计与演化［J］.经济论坛，2011（2）：210-214.

［88］ 郭号林.社会保障性住房制度法律问题研究［D］.天津：天津工业大学，2008.

［89］ 郭堂辉.子女数量与居民幸福感：基于住房产权视角的实证研究［J］.创新，2022，16（6）：75-85.

［90］ 郭伟伟.新加坡低收入者住房保障制度及其启示［J］.红旗文稿，2009（5）：28-30.

［91］ 郭小弦，周星辰.住房产权与青年群体的阶层认同：三种效应的检验［J］.中国青年研究，2023（3）：57-66.

［92］ 郭玉坤.中国城镇住房保障制度研究［D］.成都：西南财经大学，2006.

［93］ 国家发展改革委投资所住房保障课题组.我国城镇住房保障制度主要问题和政策建议［J］.中国经贸导刊，2008（24）：30-33.

［94］ 国彦兵.新制度经济学［M］.上海：立信会计出版社，2006.

［95］ 韩会然，杨成凤.不同住房产权下居民居住区位选择的影响因素研究：以北京都市区为例［J］.现代城市研究，2022（9）：27-33.

［96］ 韩立达，郭堂辉.我国住房公积金制度运行的绩效、问题及对策［J］.华东经济管理，2009（6）：53-56.

［97］ 韩毅.西方制度经济史学研究：理论、方法与问题［M］.北京：中国人民大学出版社，2007.

［98］ 何灵.国际视角下我国住房保障制度改革的若干启示［J］.山西财政税务专科学校学报，2011（2）：267-271.

［99］ 何元锋，李香菊.调整当前住房制度的政策选择［J］.甘肃金融，2011（6）：124-127.

［100］ 胡明志，陈杰.住房产权异质性、住房财富与社区治理参与［J］.社会科学战线，2023（2）：76-85.

［101］ 胡书东.经济发展中的中央与地方关系：中国财政制度变迁研究［M］.上海：上海三联书店，上海人民出版社，2001.

［102］ 黄凯南.演化博弈与演化经济学［J］.经济研究，2009（2）：

132-145.

[103]   黄少安.制度经济学中六个基本理论问题新解[J].学术月刊，2007（1）：79-83.

[104]   黄田.我国共有产权住房法律规制的研究[D].西安：长安大学，2019.

[105]   黄怡.城市社会分层与居住隔离[M].上海：同济大学出版社，2006.

[106]   季雪.北京中低收入阶层住房问题研究[M].北京：清华大学出版社，2010.

[107]   建平.中国保障性住房制度建设研究[D].长春：吉林大学，2011.

[108]   江虹.住房保障制度的国际比较分析[J].商业时代，2011（18）：235-238.

[109]   蒋华东.基于土地制度改革的农村集体产权住房开发与流转研究[J].经济体制改革，2010（1）：103-106.

[110]   金玲，刘长滨，李秀杰.我国建设供应链合作的演化博弈分析[J].建筑经济，2009（6）：71-73.

[111]   柯武刚，史漫飞.制度经济学：社会制度与公共政策[M].北京：商务印书馆，2000.

[112]   孔径源.中国经济生活中的非正式制度安排[J].经济研究，1992（7）：70.

[113]   孔令宽.制度变迁中的中国经济增长潜力释放研究[D].兰州：兰州大学，2008.

[114]   李晨昊.以构建和谐社会为导向的城市住房供应政策探索[D].上海：上海交通大学，2006.

[115]   李芳.财产权利、制度变迁与国家成长[D].武汉：华中师范大学，2008.

[116]   李凤圣.中国制度变迁的博弈分析，1956—1989[D].北京：中国社会科学院，2006.

[117]   李逢春，王永培.政策激励与投资竞争的演化博弈分析[J].兰州学刊，2011（6）：84-100.

[118] 李文魁.经济适用房政策对住房保障绩效的影响探析[J].全国商情(经济理论研究),2009(6):123-124.

[119] 李英.浅析经济适用住房建立共有产权制度[J].知识经济,2010(8):20.

[120] 李正图,杨维刚,马立政.中国城镇住房制度改革四十年[J].经济理论与经济管理,2018(12):5-23.

[121] 林毅夫.关于制度变迁的经济学理论:诱致性变迁与强制性变迁[M].上海:上海三联书店,1994.

[122] 刘彬海.论我国住房按揭贷款中消费者权利保护制度之构建[J].法制与社会,2011(19):26-31.

[123] 刘国光.中国十个五年计划研究报告[M].北京:人民出版社,2006.

[124] 刘鸿程.发达国家住房保障制度及对我国的启示[J].正德学院学报,2007(1):22-26.

[125] 刘琳.住房保障制度的设计要适合国情[J].中国投资,2008(11):90-91.

[126] 刘伟,李风圣.产权通论[M].北京:北京出版社,1998.

[127] 刘武俊.房价问题的实质是住房保障制度的缺陷[J].财经政法资讯,2008(1):76-78.

[128] 刘颖.中国廉租住房制度创新的经济学分析[D].成都:四川大学,2006.

[129] 马尔科姆·卢瑟福.经济学中的制度:老制度主义与新制度主义[M].陈建波,郭仲莉,译.北京:中国社会科学出版社,1999.

[130] 卢现祥,朱巧玲.新制度经济学[M].北京:北京大学出版社,2009.

[131] 罗夫永.产权组合:中国农村土地制度的构建[D].乌鲁木齐:新疆大学,2007.

[132] 吕萍,李文璐.产权式保障向租赁式保障的过渡:对保障性住房供应体系转变的思考[J].理论界,2013(11):149-152.

[133] 吕萍,邱骏,丁富军,等.住房属性困境、产权残缺与住房制

度改革：基于中国住房政策演变和调整讨论[J].公共管理与政策评论，2021，10（5）：115-127.

[134]　马光红.社会保障性商品住房问题研究[D].上海：同济大学，2007.

[135]　毛慧晓.制度变迁中的城镇居民消费行为研究[D].兰州：兰州大学，2010.

[136]　苗兴壮.住房保障制度的演进及得失：对广州市住房制度改革的解析[J].广东培正学院学报，2005（1）：29-32.

[137]　莫智，邓小鹏，李启明.国外住房共有产权制度及对我国的启示[J].城市发展研究，2010（3）：114-120.

[138]　道格拉斯·C.诺斯.经济史中的结构与变迁[M].陈郁，罗华平，译.上海：上海三联书店，1994.

[139]　道格拉斯·C.诺斯.制度、制度变迁与经济绩效[M].刘守英，译.上海：上海三联书店，1994：183-203.

[140]　道格拉斯·C.诺斯.制度变迁理论纲要[M].北京：中国城市出版社，1999.

[141]　彭俊杰，韩海娟.浅析我国弱势居住群体的住房保障政策[J].山西建筑，2007（5）：223-224.

[142]　彭杏芳，张琼.完善我国城镇廉租房制度的模式构造[J].时代经贸，2007（5）：46-47.

[143]　斯韦托扎尔·平乔维奇.产权经济学：一种关于比较体制的理论[M].蒋淋琦，译.北京：经济学出版社，1999.

[144]　齐超.制度变迁动力理论研究[D].长春：吉林大学，2009.

[145]　钱凯.改革和完善我国住房公积金制度的观点综述[J].经济研究参考，2007（24）：41-45.

[146]　秦凤伟.中国城镇住房保障运行机制研究[D].北京：北京师范大学，2010.

[147]　邵阳.我国住房公积金制度研究述评[J].巴音郭楞职业技术学院学报，2009（3）：22-26.

[148]　申亮，王玉燕.逆向供应链的演化博弈研究[J].管理评论，2009（1）：124-128.

［149］ 宋禹均.利益相关者视角下共有产权住房产权比例研究［D］.西安：西安建筑科技大学，2021.

［150］ 谭启平，赵勇山.房地产法精要与依据指引［M］.北京：人民出版社，2005.

［151］ 唐丽春.城镇廉租住房制度研究：以浙江嘉善县为例［D］.上海：上海交通大学，2008.

［152］ 唐勇.我国城镇住房制度变迁的非均衡分析［J］.中共浙江省委党校学报，2008（5）：81-87.

［153］ 唐忠义.住房保障制度的思考与展望［J］.上海房地，2011（7）：26-31.

［154］ 田东海.住房政策：国际经验借鉴和中国现实选择［M］.北京：清华大学出版社，1998.

［155］ 汪丁丁.制度创新的一般理论［J］.经济研究，1992（5）：28-32.

［156］ 王盛，高宪哲.共有产权制度保障性住房的有益探索［J］.天津经济，2009（10）：7-9.

［157］ 王世联.中国城镇住房保障制度思想变迁研究：1949—2005［D］.上海：复旦大学，2006.

［158］ 王守坤.中国式分权、政府竞争与经济绩效［D］.西安：西北大学，2010.

［159］ 王小广，高国力，樊彩耀.住房体制改革［M］.广州：广东经济出版社，1999.

［160］ 王云中，钱书法，李广信，等.城市房价的调控与住房制度改革［J］.管理学刊，2011（3）：14-17.

［161］ 韦森.哈耶克式自发制度生成论的博弈论诠释：评肖特的《社会制度的经济理论》［J］.中国社会科学，2003（6）：43-57.

［162］ 魏万青.资源优势抑或安全纽带：住房状况、产权归属与幸福感［J］.社会学研究，2023，38（3）：159-179，229.

［163］ 我国城镇住房分配制度的变迁［J］.求是，2009（3）：40.

［164］ 吴佳.住房产权与公共服务的"捆绑"：基于一线城市流动人口的视角［J］.地域研究与开发，2022，41（4）：84-88，106.

[165] 吴开泽, 魏万青. 住房制度改革与中国城市青年住房获得: 基于住房生涯视角和离散时间事件史模型的研究[J]. 公共行政评论, 2018, 11(2): 36-61, 190.

[166] 吴立群, 宗跃光. 共有产权住房保障制度及其实践模式研究[J]. 城市发展研究, 2009(6): 7-9.

[167] 武剑. 我国中低收入家庭住房政策改革刍见[J]. 建筑经济, 2009(2): 63-65.

[168] 武力, 肖翔. 中国当代城市房地产的变革与发展[J]. 河北学刊, 2010(7): 21-25.

[169] 武中哲. 制度变迁的交互作用及其分层效应: 基于单位制度和住房制度改革的分析[J]. 社会科学, 2010(1): 71-79.

[170] 修宗峰. 制度环境、制度变迁与决策有用性[D]. 厦门: 厦门大学, 2009.

[171] 徐邵蕊. 住房差异与居民社会公平感: 基于社会阶层视角[J]. 财经理论与实践, 2023, 44(2): 129-136.

[172] 许艳, 郑磊. 加快城镇居民住房制度创新的探讨[J]. 技术与市场, 2011(7): 67-72.

[173] 闫闯. 制度变迁中的象征秩序[D]. 长春: 吉林大学, 2011.

[174] 晏泽阳. 完善我国住房保障制度的几点建议[J]. 商业文化(下半月), 2011(6): 54-56.

[175] 杨春志, 易成栋, 陈敬安, 等. 中国城市住房问题测度研究[J]. 城市问题, 2023(5): 93-103.

[176] 杨虎涛. 政府竞争对制度变迁的影响机理研究[D]. 武汉: 武汉大学, 2004.

[177] 杨绍媛. 住房保障税收政策研究[D]. 济南: 山东大学, 2008.

[178] 杨慎.《邓小平关于建筑业和住宅问题的谈话》发表纪实[J]. 中国发展观察, 2010(5): 45-46.

[179] 杨守信. 我国城镇住房制度的改革及其得失[J]. 财经政法资讯, 2001(5): 53-57.

[180] 姚玲珍. 中国公共住房政策模式研究[M]. 上海: 上海财经大学出版社, 2009.

［181］　易余胤，刘汉民.经济研究中的演化博弈理论［J］.商业经济与管理，2005（8）：8-13.

［182］　尹振涛.历史演进、制度变迁与效率考量［D］.北京：中国社会科学院大学，2009.

［183］　于洪彦，刘金星.消费行为与制度变迁：一个村庄住房消费的结构化理论分析［J］.广西财经学院学报，2008（1）：1-4.

［184］　于同申.发展经济学：新世纪经济发展的理论和政策［M］.2版.北京：中国人民大学出版社，2009.

［185］　余凌志.廉租住房保障水平研究［D］.上海：上海交通大学，2007.

［186］　詹姆斯·A.道，史道夫·H.汉科，阿兰·A.瓦尔特斯.发展经济学的革命［M］.黄祖辉，蒋文华，译.上海：上海三联书店，2000.

［187］　张福如.必须改革垦区国营农场现行住房制度［J］.中国农垦经济，1984（9）：9-13.

［188］　张光政.俄罗斯结婚未必要买房　入住公共住房程序不复杂［N］.人民日报，2011-01-21（22）.

［189］　张锦洪.中国住房制度改革绩效实证研究［J］.兰州学刊，2010（1）：128-129.

［190］　张丽凤.中国城镇住房制度变迁中政府行为目标的逻辑演进：1949—2008［D］.沈阳：辽宁大学，2009.

［191］　张茹涛.对我国城市弱势群体住房保障制度的几点思考［J］.卫生职业教育，2011（14）：71-74.

［192］　张曙光.论制度均衡和制度变革［J］.经济研究，1992（1）：36-39.

［193］　张晓虎.制度变迁的价值观念基础［D］.长春：吉林大学，2010.

［194］　张杨波.地方身份秩序、住房获得与竞争式地方政府：关于中国政府移民政策变迁的制度逻辑［J］.人文杂志，2009（6）：153-160.

［195］　张宇燕.经济发展与制度选择：对制度的经济分析［M］.北京：中国人民大学出版社，1992.

[196] 张振勇，郭松海.国内外住房保障理论与政策述评及对我国的启示[J].山东经济，2010(1)：73-77.

[197] 赵德起.中国农村土地产权制度效率的经济学分析[D].沈阳：辽宁大学，2008.

[198] 赵广锡，高明华，王建国.经济适用住房代建绩效评价[J].山西建筑，2009(21)：227-229.

[199] 赵四海.中国城镇住房问题研究[D].武汉：华中师范大学，2003.

[200] 郑瑞兰.探讨保证住房公积金制度公平性实现机制的对策建议[J].才智，2011(18)：37-39.

[201] 中国社科院财贸所城市与房地产经济研究室课题组.建立多层次的中国住房公共政策体系[J].财贸经济，2008(1)：17-26.

[202] 中国住房改革30年：居者有其屋的梦想与现实[N].京华时报，2008-10-20.

[203] 钟滨.用科学的绩效标准来考察我国现行住房制度的经济效益[J].改革与开放，2011(7)：46-47.

[204] 钟庭军.共有产权限价房制度框架构想：一种解决国家公务员住房问题的思路探讨[J].住宅产业，2008(9)：44-48.

[205] 周骥腾.住房产权差异与社区认同分化：基于"中国城市居民生活空间调查"数据的分析[J].华东理工大学学报（社会科学版），2021，36(5)：31-45.

[206] 周卫嘉.网络关系、保障性住房政策对住房价格的影响研究[D].长春：吉林大学，2010.

[207] 周阳，吴元其，韩晓峰.经济适用房政策研究综述[J].决策咨询通讯，2007(5)：35-38.

[208] 朱庄瑞，王玉廷.大城市青年住房产权稳定性研究：理论分析、实践探索与提升路径[J].经济问题，2021(5)：117-123.

[209] 朱庄瑞.大城市新市民住房产权形态及差异化治理路径研究：基于产权稳定性的视角[J].山东社会科学，2022(11)：162-168.